Mails

Sin fronteras

Santiago Niño-Becerra

MAILS

Lo que ustedes me cuentan (y mis respuestas)
acerca de lo que más les preocupa

los libros del lince

Diseño de colección y cubierta: DGB (Diseño Gráfico Barcelona)
Fotografía de cubierta: «Autorretrato con Balloo» © Santiago Niño-Becerra

Primera edición: septiembre de 2016

© Santiago Niño-Becerra, 2016
© de esta edición: Los libros del lince s.l., 2016
Gran Via de les Corts Catalanes, 657, Entlo. 1.ª
08010 Barcelona
www.loslibrosdellince.com

ISBN: 978-84-15070-71-9
IBIC: KCX
Depósito legal: B 16568-2016

ÍNDICE

NOTA DEL EDITOR

En todos y cada uno de los artículos incluidos en este libro, el autor siempre parte de una comunicación previa que le ha sido remitida por alguno de sus lectores. Los textos aparecen tal cual los recibió él, y lo mismo sus propios comentarios y correspondencia con sus lectores.

Cuando el autor decidió originalmente hacer públicos estos intercambios de mails, además de abreviar los que eran muy extensos, introdujo unas supresiones estratégicas, las de los datos que pudieran ser utilizados para identificar a sus interlocutores. Así, en los mails que el profesor Niño recibe, se omite todo indicio de nombre, lugar, empresa, etcétera, que pudiera permitir averiguar la identidad de los remitentes.

Para esta edición en formato libro de una selección de sus artículos basados en comunicaciones de sus lectores, de común acuerdo con el autor, y con el fin de preservar al máximo el carácter documental de este libro, todos los textos que se publican aquí apenas han sido sometidos a una somerísima revisión, que no ha tratado de «corregirlos». Mantienen por lo tanto la mayor parte de sus características ortográficas, sintácticas, etcétera, originales, incluyendo errores y erratas. Ni siquiera se altera aquí, por ejemplo, la mezcla de idiomas (brasileño, inglés, español escrito por extranjeros) que caracteriza alguno de los mails que Santiago Niño-Becerra recoge en este volumen.

En nuestra edición, y para facilitar la lectura, también hemos suprimido las referencias completas de todos los links citados por los remitentes o por el propio autor. En su lugar aparece un número ordinal entre paréntesis, que remite a una parte final del libro en donde, al lado de cada uno de esos números ordinales, aparece completa la dirección donde se encuentra o encontraba (algunas, con el tiempo, desaparecen) la referencia citada.

Los libros del lince

A Lourdes y a Pol,
de nuevo

*«Hoy ya no puedes confiar en nadie porque to-
dos los políticos mienten».*

Renate, jubilada de setenta y cinco años y residente en Ueckermünde, la ciudad alemana que,
en el momento de escribir estas líneas, tenía la
mayor tasa de desempleo del factor trabajo en
toda la República Federal: el 28,7 %. Esta ciudad
se encuentra en la comarca de Uecker-Randow,
la de mayor tasa de desempleo en Alemania, el
28,3 %; y está situada en el Land de Macklem-
burgo-Pomerania. (A 1/9/2005, la tasa de desempleo en la RFA era del 11,7 %).

Frase recogida por Cecilia Fleta, «Viaje a la capital del
paro en Alemania», *El País*, 7/9/2005.

«El hombre de Davos» tiene escasa necesidad de lealtades nacionales, considera las fronteras nacionales como obstáculos que, por fortuna, están desapareciendo, y cree que los gobiernos nacionales son restos del pasado y que su única utilidad es la de facilitar las actividades de esa elite mundial.

Samuel Huntington en la Cumbre de Davos del año 2004. Citado por Timothy Garton Ash, «El hombre de Davos», *El País*, 6/2/2005.

INTRODUCCIÓN

Este es un libro de mails, así, tal y como suena. Resulta que, a lo largo de los años en que llevo publicando ideas y pensamientos, he ido recibiendo numerosos mails de mis lectores; todos interesantes; algunos muy interesantes, otros interesantísimos. Muchos de esos mails los he ido publicando en mis artículos de *La Carta de la Bolsa*, otros directamente en mi cuenta de Twitter. El caso es que ha llegado un momento en que, releyéndolos, me pareció que podría ser útil seleccionar unos cuantos por lo representativo de su temática, organizarlos por orden cronológico, y publicarlos. ¿El objetivo? Compartir un conjunto de experiencias de las que poder extraer conclusiones. Como siempre he advertido cuando publicaba mails que me remitían: no cambio nada, ni siquiera el peculiar uso del español de algunos extranjeros, tan sólo desdibujo contornos para conservar el total anonimato de quienes me remitieron sus consultas e informaciones. De acuerdo con mi editor, hemos mantenido esta política de no hacer apenas revisiones en este libro, a fin de mantener la autenticidad documental por encima de la corrección. Son documentos, y son así.

(Sugiero que, durante la lectura, no fraccionen los mails: lean uno al día si no tienen tiempo para más, pero léanlo entero y no dejen ninguno a medias).

Como siempre: mis agradecimientos a todas aquellas personas que de forma directa o indirecta han posibilitado la existencia de este libro. Y en concreto a los lectores que en su día me escribieron.

SANTIAGO NIÑO-BECERRA
Vilassar de Mar, junio 2016

I

TERCERA EDAD

Una amiga me envía un mail:

«Ayer, estaba comiendo en un restaurante y oí a mis vecinos de mesa que opinaban que con el tiempo la gente va a mirar mal a los ancianos que lleguen a edades venerables y cobren pensiones: se les va a tildar de poco generosos y de que no saben irse a tiempo».

Le respondí que ya estamos llegando a eso: es la economía de la escasez. El paso siguiente es *Soylent Green*.

(28/6/2013)

2

JÓVENES

Recientemente, un lector me remitió un mail en el que realizaba
una serie de comentarios a partir de una noticia cuyo titular ya im-
pactaba: «El 42 % de los jóvenes de clase alta viven en una situación de "dependencia completa"», y que era el asunto del mail que
me envió, «En España sobra el 50 % de los políticos» (1):

«El artículo es escueto, no sé qué baremos emplea para considerar
a alguien de "clase alta", "media" o "baja", pero intuyo que ese
42 % del que habla cuadra muy bien con el entorno que me encuentro a diario, tanto a nivel profesional, como asesor de empresa
familiar, como a nivel personal.
    »Al parecer, se trata del perfil de hijo entre 25 y 35 años, cuyos
padres, de entre 55 y 65, son titulares de algún pequeño (o no tan
pequeño) negocio familiar que, sin formación pero con mucho esfuerzo y sacrificio han levantado en los años 60-70, y cuyo crecimiento posteriormente han disfrutado al albor del boom de los
años 80-90-2000.
    »"No te preocupes, que nosotros estamos ahí", es la frase más
repetida a hijos (generalmente uno o dos, máximo) a los que sólo
se ha preparado para continuar el negocio familiar, cosa que en sí
no es mala, pero no se les ha preparado para luchar en condiciones
de adversidad. Muchos han ido a la Universidad, otros no, pero
para el caso, es igual.
    »Un ejemplo paradigmático: negocio de flores en la comarca

del [nombre de una comarca española]: hijo único entra en el negocio paterno, y un tiempo después los padres deciden traspasarlo antes de que, por mala gestión, el hijo lo vacíe de valor. Y con el dinero del traspaso, jubilación para los padres, y la luz pagada de por vida para el hijo. Otra historia será lo que pase con el hijo del hijo (que de momento no existe, ni tiene visos de existir). Una generación perdida, sí, pero no sólo por la crisis».

Mi respuesta fue:

«Pienso que sí, que la radiografía que hace es correcta. Para mí, esto se encuadraría en el contexto general en el que nos hallamos: "sobra-de-todo", también hijos que no tengan una proyección profesional destacable debido a que no posean los activos intelectuales y de conocimiento que hoy son precisos para destacar profesionalmente debido a que... "sobra-de-todo".

»Lo que aún tiene más miga es la pregunta que insinúa al final, una pregunta que nadie con representatividad institucional ni formula ni responde porque es fea y no da votos, y un problema que muy pocos expertos abordan porque ¿tiene solución?

»No sólo por la crisis, no, pero la crisis es la que ha sacado a la luz ese contexto de exceso-de-todo.

»¿Tiene solución?»

(11/2/2014)

3

EMIGRACIÓN, MÁS

Ayer, a media mañana, mi amiga que reside en Noruega y que me remitió el mail que yo había publicado con el título «Emigración», me remitió un comentario sobre el mismo. Por su interés lo reproduzco:

«Respecto al artículo de hoy "Emigración" (2), dos cosas:

»1. Te confirmo que es cierto que muchos médicos suecos —y no sólo médicos—, sino una gran cantidad de ciudadanos suecos de todas las profesiones emigran a Noruega por razones laborales. Tanto es así que aquí se bromea con el fenómeno diciendo que "¡Los únicos que trabajan en Noruega son los suecos!" para que te hagas una idea.

»2. Me cuentan amigos y conocidos y se lee en prensa también, que el mercado laboral sueco está tan mal que empiezan a haber revueltas sociales y reacciones xenófobas contra emigrantes en ciudades suecas de tradición industrial como Vasterås o Malmö... En otras como Stockholm, me cuenta una amiga de Barcelona que reside en Oslo y que tiene conocidos trabajando allí, que la presión laboral es brutal (en palabras textuales de ella: "parecida a la presión por resultados que se vive en la City londinense") y que los sueldos no son ni la mitad que los de Noruega y los precios de las viviendas (alquiler, por supuesto) prohibitivos... Así que, si la cosa pinta fea aquí, al otro lado de la frontera, ni lo quieras saber...».

Le respondí:

«Es que, ¿sabes? La tasa de desempleo en Noruega a 30 de Noviembre del 2013 era, el total, el 3,5 %, y el juvenil, el 9,2 %, mientras que en Suecia eran (a 31 de diciembre) del 8,0 % y del 22,6 %, respectivamente. En términos de empleo, Suecia está mucho peor que Noruega, y si encima se suman otras cosas, pues... (Ahora calcula cómo estará España: tasa de desempleo a 31 de diciembre del 2013: total: 25,8 %; juvenil: 54,3 %; a esto añade el subempleo forzoso)».

(13/2/2014)

4

MÚSICA

Me comenta el hijo de un amigo: «¿Te acuerdas de Napster? Recuerdo cuando me lo comentaron. Te conectas, buscas una canción y te la puedes bajar. Yo flipando... Lo probé y sí... era la bomba. Buscabas una canción de cualquier grupo y al cabo de un rato la tenías. Recuerdo que tardaba la tira. He hecho un cálculo rápido, y una canción de unos 4 minutos tardaba unos 20 minutos. Ahora, con la fibra, esa misma canción, la tendríamos en menos de 400 milisegundos».

(Para quienes no lo recuerden, Napster se popularizó en el 2000: hace una eternidad).

(23/6/2014)

5

INFORMÁTICA

Hoy un amigo me ha remitido un mail que le envié a mediados del 2005. Es la respuesta a una consulta que entonces hice a un distribuidor para cambiar la RAM de mi ordenador y que le envié para comentárselo:

«La memoria máxima que admite son 2 Gb. Si no me equivoco debe tener 2 módulos de 256 MB, así que estos deberían sacarse y sustituirse, bien por dos módulos de 512 MB, cuyo precio es de 103,58 euros cada uno, o dos módulos de 1 GB a un precio de 205,61 euros cada uno. Evidentemente también es posible poner un solo módulo de 1 Gb y quedaría el otro hueco libre para una segunda ampliación». En su mail, mi amigo me decía: «Hoy en día un módulo de 8 GB (los máximos que hacen a nivel usuario creo), cuesta unos 70 €».

(Aquellos precios en euros de hoy serían 250,46 para los dos módulos de 256 MB y 497,16 para los dos de 1 GB, y hoy con 70 euros tenemos cuatro veces más capacidad que en el 2005, y muchísima más velocidad debido a que las arquitecturas actuales son mucho más veloces que las de entonces. El precio ha bajado más del 85 %, la capacidad se ha multiplicado por cuatro, y la velocidad, ni se sabe por cuánto.)

(5/7/2014)

6

EL MUNDIAL DE BRASIL

No, no se sorprendan, no voy a hablar de fútbol, ¿o sí?

Ya les he comentado que tengo una amiga brasileña. Reside en Brasil y es directiva en una gran compañía brasileña. Al día siguiente del 1-7 [derrota de Brasil ante Alemania en la semifinal del mundial brasileño de fútbol] le remití este mail:

«Algo parecido sucedió en España cuando perdió con Holanda por 5-1, pero lo de Brasil, evidentemente, es mucho peor.

»"¿Y ahora?" (3).

»El gobierno de España necesitaba que la selección española fuese bien en el mundial para tapar otras muchas cosas, el de Brasil mucho más por las protestas previas. Ahora la población volverá a protestar, decepcionada».

Su respuesta ha sido tremenda (como siempre no cambio ni una coma):

«No hubo tiempo para sufrimiento, fué un choque y a los 4 minutos sabíamos que estaba perdido. Los niños dejaron el salón y fueran jugar futbol en el pátio. Los adultos se quedaron mirando la tele en silêncio. No habia ninguna emoción, ningun grito de animo, ningún comentário técnico-estratégico. Porque no habia un equipo, ni tampoco habia un jugador, sus mentes apagaron.

»Alemania mereció vencer. Y no fué por 7, fué por 2. Despues del segundo el equipo fué abduzido y Alemania jugó sola.

»Eso fué más que un partido, fué una lección y sirve de ejemplo para que no quede duda de que para vencer en la vida hay que entrenar, estudiar, hay que trabajar, hay que tener valores, humildad, maturidad.

»El grande legado de este mundial és mostrar que un país se hace de uma populación honesta y trabajadora, y no por uma populación convertida en parasitas por um gobierno que les ensenha a recibir comida en la boca.

»El lloro de una nación por perder el mundial és más triste aún por ser lo único que tenian para orgullarse.

»Cantamos el himno nacional cuando ya se corta el sonido oficial, y décimos Pátria Amada Brasil para cada partido, pero el outro dia robamos en actos de corrupción, grandes y pequeños. Somos un pueblo de cultura muy corta que se cree muy experto. El pais és constantemente traicionado por su gente, por su cultura.

»Espero que el partido nos sirva de lección, para construirmos um país mejor que se pueda orgullecer de su gente y no solo de su futbol».

En cuanto leí su mail le respondí:

«Eso mismo que tú dices lo dice el final de esta noticia:

»"El 7-1 sume a Brasil en la depresión" (4).

»Hace años, bastantes, antes de que tuviese lugar el "milagro" de Brasil de los 2000, una amiga me presentó a un amigo suyo, brasileño y psiquiatra. Estuvimos comentando, y en un momento dado me dijo: "Brasil, el pueblo brasileño, sólo tiene dos cosas: el fútbol y el carnaval". Yo le dije que eso era muy triste, y él me dijo que sí, que años de colonialismo, de dictadura y de malas administraciones habían llevado a eso, y quienes podían se iban, como él. Ahora creo que está en Alemania.

»Lo que nadie dice, o se dice muy bajito, es que las poblaciones de los países que tienen problemas económicos y sociales profundos vuelcan sus expectativas en los éxitos deportivos masivos. El ejemplo es España. Sus éxitos deportivos en fútbol coincidieron con el boom inmobiliario sustentado en la deuda privada. Todo iba de fábula, y el gobierno de turno aprovechaba la inercia. España ganó la copa del mundo del 2010 cuando la crisis ya había estallado, y la eurocopa en el 2012 cuando la crisis ya estaba causando estragos, y los gobiernos aprovecharon durante unos meses aquella inercia. Con la eliminación tan bochornosa de España en este mundial, el gobierno de España ha perdido algo muy importante a que agarrase.

»El caso de Brasil es mucho más grave por dos razones: 1) porque Brasil, en los últimos 50 años, ha sido infinitamente más potente en fútbol que España, por lo que la hecatombe de la eliminación es mayor, y 2) porque la población, por lo anterior y en general, ha vinculado más su estado con el de su selección debido a que tenía muy pocas alternativas: "Al seguir a la selección soy parte del país, y si la selección tiene éxitos, los tengo yo también", es lo que me decía el psiquiatra y ha confirmado el fin de las protestas en Brasil con el inicio del mundial: jugaba la selección, es decir Brasil, es decir yo.

»Lo que encuentro muy triste es que el resultado de un partido influya en un resultado electoral. El actual gobierno de Brasil y la Señora Presidenta lo están haciendo muy bien o muy mal independientemente del resultado del partido entre Brasil y Alemania. Pienso que, como en el caso de España, esa hecatombe se encuadra en el fin de un ciclo. Ahora en Brasil irá poniéndose todo de manifiesto; lo que ya se sabía, pero se silenciaba: crecimiento económico insuficiente, falta de infraestructuras, rentas reales bajas complementadas con crédito... Nuevamente, España es un ejemplo: durante la cresta del "España va bien", la tasa de pobreza sólo bajó dos puntos: del 20 % al 18 %; ahora ya está en el 24 %.

»Lo que dije en aquella entrevista: "Brasil es la versión 2.0 de España"».

Si me contesta ya les contaré.

(10/7/2014)

7

USA

Recibo un mail de un lector:

«Buenos días, le escribo para comentarle mi experiencia en USA. He estado de vacaciones allí durante 18 días, más concretamente en California, Las Vegas, Arizona, etc.

»Me han llamado la atención principalmente dos cosas: la primera, la decadencia de Los Ángeles, tanto el centro de la ciudad como zonas tan emblemáticas como Hollywood. Se ven edificios degradados y sin cuidar, de los que se adivina que tuvieron un gran esplendor hace 50 años y hoy están para caerse. Especial mención para los teatros, sin reformar durante décadas.

»La segunda y más triste, la cantidad de gente de más de 70 años trabajando. Tanto en gasolineras como en hamburgueserías, o incluso en el restaurante que había dentro del casino en Las Vegas es habitual que las camareras tengan más de 70 años. El colmo fue cuando se nos estropeó el coche de alquiler en mitad de California. Esperamos 7 horas a que viniera una grúa pagada por la compañía de alquiler de coches y nos trajera otro. Cuando llegó, el hombre que la conducía andaba cerca de los 80 años, y traía a una abuelita que debía ser su esposa en el asiento del copiloto. De hecho le faltaba el aire cuando enganchaba y desenganchaba los coches a la grúa.

»Cuál es la causa de esto? No hay pensiones públicas allí, o son totalmente de miseria?».

Mi respuesta:

«Hay pensiones públicas: fueron instauradas por Roosevelt en el New Deal, pero son tan bajas que desde hace un par de décadas cada vez más personas se "desjubilan": estaban jubiladas pero entre la pensión y sus ahorros no les llegaba, máxime teniendo en cuenta que el subempleo y el paro de larga duración se han disparado en USA. El resultado es lo que usted ha visto. (Y gracias a que hay demanda de trabajo para esas personas, cosa que en España, cuando las pensiones se vayan reduciendo, pasará muchísimo menos).

»La degradación de los edificios es debida a una sola causa: no hay fondos para mantenimiento.

»¿No le impactó la enorme cantidad de homeless que hay en San Francisco?».

(25/7/2014)

8

DEFLACIÓN

Un lector me envía un mail y me solicita una sucinta aclaración sobre la diferencia existente entre «deflación» y «situación deflacionaria».

«La deflación es un estado: el estado en el que cae una economía como consecuencia de la confluencia de una crisis de sobreproducción y una crisis de subconsumo que se realimentan. Se produce porque existen unos stocks que nadie compra, por lo que el paro aumenta, y por eso el consumo no existe. Los precios se derrumban porque nadie puede consumir a ningún precio. Es lo que sucedió en USA tras el Crash del 29: la producción automovilística en 1930 fue nula. Un intento de salida fue la inyección de fondos en obra pública y, por descontado, la II GM.

»Una de las cosas que el mundo aprendió de la Depresión fue que había que evitar como fuese la deflación, y en nuestros días se ha evitado: lo que ahora se está viviendo es una situación deflacionaria. La diferencia es abismal: los precios declinan, pero no se han hundido porque su caída se amortigua con inyecciones de fondos (en unos sitios más que en otros). Ahora, además, existe un modelo de protección social que, aunque en retroceso, amortigua. Y, además, los bancos centrales tienen un poder que en la Depresión ni remotamente tenían. Y lo principal: una situación deflacionaria no es un estado deflacionario.

»Ahora bien, aunque no vaya a producirse una deflación (estoy convencido de que no llegará: si conviene, incluso se provocarán subidas de precios ficticias incrementando impuestos), lo que sí es posible es que esta situación de precios muy bajos, con ligeras subidas y ligeras caídas, se estanque y se cronifique debido a una especie de puré formado por un bajísimo consumo, una bajísima producción, un desempleo estructural muy elevado, rentas medias estancadas y, en sectores a la baja, elevada tasa de pobreza, nulas expectativas...

»No, no será una deflación porque será imposible, pero se le parecerá mucho».

(1/8/2014)

9

TURISMO

Ayer una lectora me remitió este link:

«What happens in Magaluf should stay in Magaluf» (5).

Y yo se lo remití a una amiga que reside en Palma de Mallorca, acompañado de una etiqueta: «Increíble pero cierto: el peliculón continúa». Me ha respondido lo siguiente:

«Sí, y seguirá! Vosotros tampoco os salváis de este tipo de turismo, eh? Aunque este tipo de turismo en Barcelona debe ser una minoría, no? En Baleares no podemos decir lo mismo».

Le respondí:

«Es una minoría por la proporción con el resto, con su volumen, pero el Magaluf catalán no es la Barceloneta, sino Lloret, y el Saloufest. La pregunta: "¿Por qué se aguanta eso?".

»Francia, Alemania, Austria... reciben cuatro tipos de turismo, España recibe mayoritariamente dos: el medio bajo y el bajo. Ambos se caracterizan por dos cosas: gastar poco y armar gresca; el segundo, sobre todo el segundo. ¿Montan los turistas que Londres recibe los shows que montan los turistas británicos que visitan Magaluf?; y los turistas que recibe París, ¿arman las broncas que arman los franceses que deciden pasar unos días en Lloret (o en Barcelona)?

»El drama es que España no puede atraer a otro tipo de turismo, la tragedia es que si no viene el que viene, vendría muy poco del otro».

Terrible, ¿verdad?

(28/8/2014)

BUSCANDO UN PUESTO DE TRABAJO

Empiezo diciendo que lo que viene es difícil de creer. Hace unos días, una lectora me remitió un mail. En él me hablaba de su hijo. Decía así:

«[Nombre de su hijo] ha estudiado Ingeniería Industrial de [nombre de una especialidad] en [nombre de una universidad española]. Ha aprobado siempre todas las asignaturas con buenas notas y se ha sacado el grado en cuatro años incluyendo el proyecto. El inglés es su lengua paterna. También ha estudiado alemán.

»Durante la carrera se apuntó a diversas ofertas para becarios a través de la Universidad sin que consiguiese ningún trabajo porque el horario de clases era totalmente incompatible con los horarios de las empresas.

»En su día se fue a visitar una empresa del sector en [nombre de una ciudad española], ofreciéndoles hacer el proyecto de fin de carrera para ellos, diseñando [nombre de un tipo de aplicación], en un formato que todavía no existe en el mercado. La empresa aceptó la propuesta, pero no así su universidad, así que tuvo que descartarlo. Propuso a la empresa que le pagaran por el trabajo, pero la empresa no quiso, sólo lo aceptaba si era gratis y patrocinado por la universidad.

»En el último cuatrimestre, mientras preparaba el proyecto fue entrevistado por [nombre de tres compañías multinacionales españolas]. En [nombre de una de estas] casi le habían dado el trabajo, cuando al final se lo denegaron porque alegaron una promoción interna. En [nombre de otra] le dieron muchas esperanzas, pero al final le dijeron que las decisiones las tomaba la central. En [nombre de la restante] le exigían un master para entrar de becario.

»Cada día hacía búsqueda activa de trabajo, y lo único que consiguió fue una oferta de venta de colchones puerta a puerta, sin salario fijo. Se tenía que poner él el coche y sufragar los gastos. Lógicamente les dijo que se lo ofrecieran a otro.

»Desde los 8 años ha tenido por hobby los juegos de estrategia. Es todo un experto en esos juegos y ha participado en muchas ligas, ha ganado trofeos, ha diseñado trofeos, ha organizado torneos, y en el último año ayudó en la orientación de dos nuevos comercios del sector en [nombre de una ciudad española]. Por su trabajo le remuneraban en especies, o sea "miniaturas". También ha comerciado por internet vendiendo miniaturas montadas y pintadas en España y en el extranjero.

»Llegado el mes julio y recién graduado, ante las malas perspectivas de conseguir un trabajo decidió tomar él las riendas del asunto. Llamó a USA a un jefe de la central de una empresa de miniaturas y se ofreció para comercial. El americano le dijo que en USA es muy difícil dar un trabajo a un extranjero porque se tiene que justificar que no se puede cubrir con un nacional. Pero al hombre le debió de caer con gracia, y le dijo que en UK iban a realizar una selección de comerciales en breve, y que les mandara un mail haciendo referencia a él.

»Así lo hizo. En UK buscaban un vendedor senior, y mi hijo no se adecuaba al perfil. Pero insistió tanto que el jefe de la empresa le puso en el proceso de selección y resultó que le despertó su atención. Después de varias entrevistas por teléfono y tests no psicológicos, sino relacionados con el trabajo que debería desempeñar, le dieron un trabajo.

»Digo un trabajo, porque para el puesto han contratado un senior tal y como se habían planteado, pero además han cogido a mi hijo de aprendiz.

»Ya está trabajando en [nombre de una ciudad británica]. Pienso que con lo espabilado y conocedor del producto que es, no tendrá demasiadas dificultades en salir adelante. Él está muy contento porque ha conseguido un trabajo de su hobby, en el área comercial que ya le gusta y con un sueldo que aquí sería impensable cobrar.

»Sus estudios no han servido para su inserción en el mundo laboral, porque una de las preguntas que le hicieron fue: "Y tú, habiendo estudiado Ingeniería, ¿cómo puedes aceptar un trabajo de comercial?". Le ha valido la experiencia con las tiendas y los torneos.

»Bueno, él tuvo una respuesta adecuada porque quería el trabajo, pero yo no la tengo. Cuando en la ceremonia de graduación, el Delegado del Rector les dijo a los graduados: "Y ahora marchaos a UK a servir cafés en los bares que es lo mejor que podéis hacer!". Yo pensé en lo mal que está la universidad.

»Queda patente que en muchos casos los estudios sirven para saber enfocar mejor el trabajo, pero lo que importa, como usted dice, es la especialización. Sin ese hobby, del que yo he renegado tantas veces, porque lo veía como un juego, y que él veía como una oportunidad, ahora mismo estaría aburriéndose y desanimándose en casa».

Obviamente, le pregunté:

«Vale con que no encontrase ningún empleo en España, pero con ingeniería y tres idiomas, ¿no encontró nada relacionado con sus estudios en ningún país europeo?».

A lo que respondió:

«Pues se apuntó al programa EURES a través del SOC. Por cierto la funcionaria que le atendió le dijo que lo más fácil sería encontrar un trabajo de una empresa española que buscase a un nativo de otro país de la UE. Le sugirió que se apuntase con su pasaporte inglés y la dirección de nuestra familia en UK. Se apuntó a una oferta, y hasta que no se resuelve ésta, no puedes apuntarte a ninguna otra.

»En cuanto a Alemania, una muy buena amiga mía de [nombre

de una ciudad alemana] le ofreció que fuese a su casa tres meses para perfeccionar el Alemán y así poder buscar trabajo en alguna empresa del sector automóvil de allí, pero el siente mucha más afinidad con los ingleses y estadounidenses.

»Lo de trabajar con ése empleo en UK lo ve como una oportunidad para saber si le gusta el área comercial, y prepararse para ascender posiciones en ésa u en otra empresa, y si no, con 22 años puede rectificar y hacer un master relacionado con la ingeniería y derivar hacia la parte más técnica.

»En todo caso tenia obsesión por encontrar un trabajo, porque casi todos sus amigos son licenciados de Física, Biología, Geografía, etc. etc. y sólo ha encontrado trabajo uno que no es licenciado de nada, que sabe muchos idiomas, y que su madre lo ha enchufado en un buen puesto. Él ha visto que los amigos que llevan dos años sin encontrar trabajo están desesperados, y por nada quería que le sucediese algo así a él».

Le escribí:

«No sé si es debido a la especialidad que escogió su hijo, pero es increíble que un ingeniero con idiomas no encuentre trabajo en España aunque sea un subempleo. Se me ocurre otra cosa: escasez de contactos. ¿Realizó alguna búsqueda a través de embajadas en bolsas de trabajo de empresas? En cualquier caso, una cosa está clara: en términos generales, la oferta de trabajo es superior a la demanda».

A lo que me respondió:

«En Consulados y Embajadas, excepto la británica, no fue. Pero fue a las ferias de trabajo de [nombre de una universidad de la ciudad en la que estudió], donde contactó con [nombre de dos de las empresas anteriores], y donde contactó con los Directores de RRHH a quienes causó buena impresión porque estuvieron intercambiando emails. También fue a la feria de trabajo/empresas de [nombre de la universidad anterior] que fue donde contactó a [nombre de la tercera de las empresas citadas]. Uno de los profesores de la [universidad en la que estudió] que apreciaba mucho el trabajo de [nombre de su hijo], le dio el trabajo, pero no tenía la posibilidad de colocarlo en ninguna empresa porque "no hay trabajo ni para becarios".

»Cierto es que él tenía escasez de contactos, aunque algunos contactos en el mundo empresarial tenemos su padre y yo, y algo intentamos, pero no surtió efecto. Incluso propietarios de empresas, se están encontrando con no tener donde colocar a sus hijos, lo cual parece increíble o falso, pero le aseguro que es verdadero. Conozco tres casos. Es más, en cuanto han sabido que mi hijo se ha ido a trabajar a UK, me han dicho que ojalá el suyo encontrase un trabajo donde fuese.

»Estoy segura que no es cuestión que el chico no se haya movido, y no tenga tablas, de hecho yo misma me quedaba asombrada de su madurez y forma de enfocar las entrevistas. El caso es que el mercado laboral está arrasado».

(Acababa con un comentario sobre enchufes de hijos de altos cargos públicos que no me atrevo a reproducir.)

Lo dejé aquí. Impresiona, ¿verdad?

(8/9/2014)

II

CHINA

Hace unos años tuvimos en la facultad a un alumno de Hong Kong que estuvo haciendo el doctorado. Aplicado, trabajador, inteligente, cumplidor, lo tenía todo. Leyó su tesis, se fue, pero él y yo hemos mantenido el contacto.

Hace unos días le remití un mail:

«Por si no lo has visto:
»"China se abre a una nueva era económica" (6)».

Su respuesta llegó al cabo de escasas horas:

«Totalmente cierto, son 1.300 millones de habitantes. Faltan los habitantes que nacieron con la política del hijo único. No se sabe cuántos hay, pero algunos comentan que puede llegar entre 100-200 millones. Lo que estaríamos hablando de 1.500 millones de habitantes. Por lo tanto, una economía para 200-300 millones (con poder adquisitivo para consumir) y el resto nada.

»Actualmente en China ha llegado a un nivel de vida para ricos que ni los occidentales pueden permitírselo. Si hace 10 años una persona vivía de lujo con 100 euros y los operarios de fábrica cobraban 50 euros. Actualmente en los barrios para ricos llega a costar una botella de agua mineral 5 euros. Todo esto no es viable a largo plazo.

»Lo primero que han decidido es incrementar salarios. Actualmente ronda los 300 euros (operario de fábrica). Pero no es suficiente, habrá que incrementar más. Después se le repercute en el precio final del producto "fábrica del mundo". Nadie se quejará. Ya tiene acumulado gran parte de la producción a nivel mundial. La gente que dejó de fabricar para comprar a los chinos lo están pasando mal. Si te quejas o mejor dicho si no pagas más estás en lista de espera, supongo que todos querrán recibir la mercancía antes de las navidades.

»Fábricas centenarias en los países occidentales han sido desmanteladas en meses, ya no pueden volver a ponerlo en funcionamiento sin poner inversión y tiempo + tecnología. Mientras los precios siguen incrementando... tampoco es posible abarcar tanto volumen de fabricación en otros países como Vietnam u otros países asiáticos.

»Estuve hablando con un abogado funcionario y le ofrecieron ir a China. El sueldo mensual eran 18.000 euros mensuales. Supongo que estos precios se basan en nivel de vida del país para expatriados».

Sobre todo me quedé con lo de «insostenible».

(10/9/2014)

12

EL FIN DEL TRABAJO

Hace unos días recibí un mail:

«He seguido su recomendación y este verano leí *El fin del trabajo*. En la última parte del libro Jeremy Rifkin expone una serie de posibles medidas para mitigar la exposición brutal que realiza en la primera parte de su obra. Entre una de estas posibles medidas habla de la reducción de horarios laborales a 4 días. No obstante, creo haberle escuchado a usted no estar de acuerdo con este tipo de medidas (imagino que por el tema de la productividad).

»¿La nueva obra de Jeremy Rifkin del "coste marginal cero", es una exposición más amplia de lo que él llama "Tercer sector" en el libro de *El fin del trabajo*?».

Mi respuesta:

«El profesor Rifkin publicó su libro en 1995, cuando en Francia se estaba ensayando el reparto del tiempo de trabajo y cuando la robótica se hallaba mucho más atrasada que ahora. En algunas actividades y en algunas colectividades tal vez sea posible repartir tiempo de trabajo —y salario— o reducir jornada laboral —y salario—, pero los tiros no van por ahí porque, excepto en actividades ultraintensivas en capital, la productividad cae, y en muchísimas, al precio actual de la tecnología y en base al margen que rinden, no es rentable realizar las enormes inversiones que serían necesarias.

»El Tercer Sector es el del voluntariado; al coste marginal cero se llega debido a las tecnologías de la comunicación y a las posibilidades de descentralización productiva y distribución que brindan. Ambas pueden coexistir, claro, pero una no depende de la otra».

(15/9/2014)

13

MERCADO LABORAL

Esta mañana, una amiga me ha remitido este mail (aclaración: no es economista):

«El caso es que el mercado laboral está arrasado.

»Ayer estaba en un bar y oí como en la mesa de al lado estaban un padre y un hijo. El hijo había terminado los estudios y el padre que conocía al propietario del bar, le preguntó a éste si podía enviarle el CV de su hijo por si necesitaba a alguien de camarero.

»Cada año, irrumpen en el mercado laboral miles de chicos que han terminado sus estudios... ¿Desde cuándo viene pasando esta avalancha? ¿Cuántos miles de arquitectos, ingenieros, informáticos se necesitan? ¿Dónde? Cuántos más haya, menos van a cobrar... ergo van a trabajar (los que lo hagan) por cuatro duros y lejos de sus casas...

»Con mucha dificultad irá pasando el tiempo, dejarán de ser jóvenes prometedores (esto se acaba rápido) pero no tendrán suficiente estabilidad para vivir solos (no compartiendo pisos) y teniendo familia (soportando gastos de niños que, a su vez, no van a trabajar nunca). Repito, ¿hasta cuándo vamos a perpetuar este modelo fallido?

»Esto ya ha colapsado hace tiempo, pero ahora se dan cuenta los que se pensaban que nunca iban a llegar a esta situación (porque habían seguido las reglas aconsejadas)».

Mi respuesta:

«Bueno, [nombre de mi amiga], ayer hiciste propia una realidad de
años: la oferta de trabajo es superior a la demanda de trabajo, y
esta es una tendencia que va a más: la robotización y automatización de actividades cada vez más complejas; lo que tiene consecuencias para el y en el modelo de vida al que estamos acostumbrados, que hemos visto, en el que nos han educado. Lo anterior
implica carencias, claro, pero no sólo materiales.

»Una forma de evitar tal situación habría sido a través de una
planificación demográfica y de necesidades educativas, pero la tendencia no ha ido por ahí, al revés. Pienso que al final sí se llegará a
ese lugar, pero tras recorrer un trecho complicado. Lo que es un
hecho es que jamás vamos a volver a los años sesenta, cuando alguien con una cualificación, la que fuese, tenía un empleo adecua-
do a esta antes de haber finalizado sus estudios. No entro a valorar
si es mejor o peor, simplemente expongo lo que hay».

(25/9/2014)

EL REPARTO DEL TRABAJO

Me escribe un lector:

«Hola, te sigo desde hace años y has comentado varias veces que lo del reparto de trabajo baja la productividad y es negativo, ¿pero, qué es mejor, que haya el desempleo actual o pleno empleo con menos productividad?».

Mi respuesta ha sido:

«No se trata de escoger entre una cosa y otra: en economía casi nunca se puede escoger: en un lugar determinado, en un momento concreto, con las condiciones entonces existentes sólo se puede hacer una cosa, aunque se diga que hay opciones. Cuando los Tudor enterraron el feudalismo, no escogieron: la evolución de la dinámica histórica había llevado a la superación del sistema feudal; cuando Mitterrand nacionalizó la banca francesa, las cosas en Francia y en Europa llevaban a tomar aquella decisión. Hoy no es cuestión de escoger entre si es bueno o malo aumentar la productividad: las cosas están en un estado en el que la productividad debe ser aumentada, pero no para producir más, sino para reducir el consumo de factores productivos y reducir costes, y eso se consigue con inversión y con una organización diferente; y claro, de la misma manera que la I Revolución industrial tuvo como consecuencia la proletarización del artesanado y de gran parte del campesinado, la consecuencia del aumento de la productividad es la formación de una gran bolsa de desempleo estructural y el aumento del subempleo. Es inevitable: lo mismo que lo fue la implementación del modelo de protección social tras la II GM.

»Importante: el trabajo no se reparte: si para fabricar la camisa que usted lleva puesta ahora se necesitan "X" unidades de factor trabajo, esas "X" unidades no se pueden repartir (se podrían reducir automatizando procesos), en todo caso se intentará repartir el tiempo de trabajo utilizado en confeccionar esa camisa. En algunas tareas en las que, por sus características, sea hoy (muy importante lo de "hoy") imposible aumentar la productividad, tal vez sea posible repartir el tiempo de trabajo con la consiguiente reducción salarial, claro, pero en el resto la tendencia será —está siendo ya— justo la contraria: reducir trabajadores y aumentar la productividad aumentando la tecnología utilizada, o aumentando el número de horas trabajadas (y, desgraciadamente, en un cada vez mayor número de casos, no cotizando por ellas ni remunerándolas: consecuencia de que la oferta de trabajo sea muy superior a la demanda).

»Existe otro problema: suponiendo que se pudiera de forma masiva repartir el tiempo de trabajo, la remuneración media por trabajador se reduciría, luego lo haría el poder individual de consumo, lo que llevaría a adquirir bienes de valor añadido en descenso, lo que desincentivaría aún más la inversión, perdiéndose competitividad: recuerde que hasta la CEOE ha dicho que ya no es conveniente que los salarios sigan bajando en España.

»El período 1995-2007 ha sido único: repase la Historia: no encontrará otro igual, pero es irrepetible porque se basó en premisas falsas; y no es una crítica: fue así porque las cosas llevaron a que fuesen así. Ahora toca otra cosa; menos amable, ya, pero bastante más lógica: la cantidad de recursos disponible no es ilimitada. Y recuerde: las revoluciones ya no están de moda».

(9/10/2014)

15

CICLOS FORMATIVOS

Hoy he recibido un mail de un lector:

«Pienso que uno de los efectos más vergonzosos de esta crisis es la gran cantidad de ingenieros y arquitectos que se están matriculando en los ciclos formativos. Me pregunto cuál será la cifra total en todo el estado español. Tengo un amigo que es ingeniero técnico industrial y ejerce como profesor de ciclos formativos desde hace 15 años. Nunca había visto nada parecido. Clases abarrotadas de treintañeros y cuarentones. Y para colmo este año tiene un alumno de 40 años que es arquitecto. Y en otro ciclo de FP de su centro se ha matriculado un ingeniero industrial superior. ¿Pero qué pasa en España? Por lo visto hay una media de uno o dos ingenieros matriculados en cada clase de los ciclos superiores de FP.

»Yo soy ingeniero freelance desde hace siete años y peleo duramente para conseguir clientes y hacer negocio. Ser emprendedor aquí requiere tener mucho coraje. Me duele ver tanta capacidad tirada directamente a la basura. En USA muchos ingenieros no terminan la carrera porque antes se incorporan o fundan empresas. En España muchos ingenieros acaban la carrera y comienzan a caminar hacia atrás. A la espera de alguna oposición o vete tú a saber qué».

Mi respuesta ha sido:

«Si es usted emprendedor, le felicito, y si le va bien, le felicito doblemente. Y si se siente cómodo siendo freelance, también. Pero
recuerde que un emprendedor no se hace, nace. (Vivir en un ambiente propicio ayuda, por descontado). Y no a todo el mundo le
va la libertad (y la incertidumbre) que supone ser freelance. Lo que
usted cuenta pasa hoy, pero hace diez años no sucedía, señal de
que los ingenieros que consideraban no tener dotes de emprendedor ni de freelance tenían opciones, lo que no sucede hoy. También
me parece mal lo que pasa en USA: por muchas opciones que se
tengan, si se empiezan unos estudios que gustan (es imposible estudiar forzado una ingeniería), pienso que es un error no finalizarlos».

(14/10/2014)

16

BANCO

No, no va de casinos. Ayer recibí un mail de un lector. Me hablaba de algo que le ha sucedido a un amigo que trabaja en un banco. (La acción transcurre en España).

«Me acaba de llamar un amigo que trabajaba en un banco y que hace unos meses, como no veía las cosas muy claras, se fue a trabajar a otro banco. Es un tío súper currante que cobrando 30.000 euros tenía que trabajar de 8 a 19h cada día y salía día sí y día también de la oficina después de recibir mil amenazas por si no cumplía objetivos.

»Después de 10 meses y tres trimestres de cumplimiento seguidos desde que entró (habiendo pasado el periodo de prueba hace nada), esta mañana ha llegado a su sitio de trabajo le han dado una carta de despido procedente; el motivo: no cumple con las expectativas. Yo le he comentado que no te pueden despedir procedentemente sin aviso previo, pero como su indemnización sería de unos 2.000 euros ya se te los come un abogado si demandas (si no es más)».

Me decía que cuando supiese más me diría más. Por la tarde me remitió otro mail:

«En el banco al que se fue le ficharon por 30.000. Cuando él se fue varios compañeros suyos también se fueron al mismo banco y lo que les pagaban ya era menos, hasta 10.000 euros menos.

»Era comercial y le fijaron unos objetivos. El segundo trimestre se quedó un 8 % por debajo, el tercer trimestre los superó. Cada semana tenía una llamada amenazante de que se iría a la puta calle sino hacía aún más, aparte de que no les dejaban salir de la oficina sin vender un tanto prefijado.

»A primera hora de la mañana, llegó una persona de recursos humanos y le dio la carta de despido. Mi amigo leyó la carta y le dijo que cada mes había crecido su cartera, que había cumplido objetivos el último trimestre y que como le pueden decir en la carta que incide negativamente en la buena marcha de la entidad.

»La persona de RRHH le dijo que era una carta tipo y que si se pueden ahorrar indemnizar pues mejor para el banco, y mucha gente no demanda porque sale más caro demandar que la indemnización recibida. Para acabar de rematar, le han llamado diciéndole que un curso de formación que le obligaron a hacer tendrá que pagarlo».

Extraigan sus propias conclusiones.

(23/10/2014)

17

BANCOS

Hace un par de días recibí un mail de un lector, este:

«Hace no demasiado tuve el placer de hablar francamente con un conocido que está en un lugar muy importante dentro de un banco español. Empecé a preguntarle sobre cómo está yendo la reestructuración bancaria en España y el cierre de sucursales, así como la eternamente anunciada "reapertura del grifo del crédito".

»Afortunadamente resultó que el hombre volvía de trabajar, y que charlando, se sintió en la libertad de hablar de más. Me comentó que la reducción de la plantilla del banco en el que trabaja, es una media verdad, una "patraña": dicho banco se plantea reducir su plantilla en España el 24 % hasta para 2020, esa es la versión oficial. Sin embargo, "eso es sólo el principio, a medio-largo plazo no afirman lo que están barajando porque no hay una fuerte certidumbre y generaría demasiada fricción".

»Según él, ese recorte de empleos continuará de forma estacionaria y sin sobresaltos más allá de 2020 ¿Para qué son necesarias las personas que se encuentran en las sucursales? ¿Qué labores hacen que el cliente no pueda hacer por internet o en un cajero? Extracción de dinero, apertura/cierre de cuenta, transferencias... Se está barajando cerrar casi todas las sucursales y dejar solo algunas para que los viejecitos vayan a sacar sus dineros por aquello de que no se llevan muy bien con la tecnología pero; por un lado, a diez o quince años vista hasta los viejecitos podrían usar un cajero, ya que estamos hablando de la gente que hoy tiene 60 años, y aun así... ¿Qué tamaño representará este segmento de mercado en un escenario como el que se ve venir? ¿Vale la pena dejar gente encargada de atender a los que no se manejan con la tecnología?

»Se está pensando en crear una nueva sucursal del tamaño de una tiendecilla de chucherías, llena de cajeros y con una única persona para atender a estos casos. Lo rodearían de una imagen "SUCURSAL EXPRESS, A TU LADO" aunque aún no es nada seguro y es más probable que se opte por centralizarlo todo y Sanseacabó. Por otro lado estaría también el tema de dejar a alguien encargado de ofrecer crédito al pequeño emprendedor, pero bueno... el tema del crédito mejor dejarlo para el final...

»La cosa se pone interesante cuando comenta que, debido a la contracción del mercado, como es lógico, se vuelve crucial el ganar cuota de mercado para no tener que despedir (o prejubilar) mucha gente, perder dinero y caer en la espiral.

»Por otro lado comentaba que estos ajustes han hecho imposible el escalar dentro del banco, mucho menos entrar (los becarios son de "usar y tirar"), se está poniendo de moda pedir el desplazamiento a filiales en el extranjero para poder subir un poco. Sin embargo, este señor sí que cree que la situación española va a mejor, que el crédito se reactiva, y que en la posición en la que él está lo peor ya ha pasado.

»Él trabaja en el departamento que concede crédito a grandes grupos empresariales y corporaciones multinacionales, justo al lado de otro departamento, encargado de dar crédito a la PYMES y grandes empresas de calado relativo. "Para que te des cuenta, en mi departamento hemos dado luz verde a créditos a todos los clientes que estén por encima del bono basura por primera vez desde que empezó la crisis". Yo me sorprendí, y escéptico pregunté "¿Esa orden también se ha dado en el departamento de al lado?", "No, ahí no" respondió.

»Tal vez el crédito sí que va a fluir en un futuro, solo que a unos sectores muy particulares. A esto hay que añadir que del dinero está más barato que nunca, con lo cual no sé dónde nos deja esto».

Extraigan sus propias conclusiones.

(27/10/2014)

18

EMPLEO: PROYECCIÓN

Un lector me remite un mail:

«Si según los pronósticos, en las próximas décadas sobrara población activa, ¿cree usted que será necesario que la gente adquiera formación, estudios... si la mayor parte de la población solo tendrá un 10 o 20 % de probabilidades de encontrar un trabajo? Lo de estable o temporal ni preguntárselo dentro de ese 10 o 20 %. A partir de esta premisa, ¿será necesario que haya tantos docentes y centros educativos? A partir de aquí pueden surgir muchas variables. Dado que usted ha comentado hasta la saciedad el problema de la menor necesidad del factor trabajo creo que merece la pena debatir sobre esto que le he comentado».

Mi respuesta:

«Pienso que habrá entre el 10 % y el 15 % de empleo estable, indefinido, aunque muy vinculado a proyectos. El 20 % de empleo temporal y a tiempo parcial de alta densidad. El 20 % de temporal y a tiempo parcial de baja densidad. El 25 % de muy reducida intensidad, ocasional. Entre el 30 % y el 35 % de desempleo estructural. Entre las dos últimas categorías pueden producirse trasvases. Con el tiempo, y a medida que la tecnología se sofistique, el segundo bloque del 20 % tenderá a unificarse con los dos últimos y el primer 20 % a convertirse en el segundo. Sería la evolución de la

Sociedad 1/3. El mundo de la formación cambiará radicalmente; de hecho, ya está cambiando: cada vez más, lo importante es saber hacer lo que hay que hacer, y cada vez es menos importante cómo se ha aprendido la información que es preciso saber para hacerlo».

(4/11/2014)

19

PENSIONES, PERO NO SÓLO

A fin de recordárselo, le remití a un lector un texto recién publicado sobre la insostenibilidad de las pensiones: «La insostenibilidad de las pensiones» (7).

Me respondió:

«Mi opinión: el que no se cumplan las premisas que hicieron posible el moderno sistema de pensiones no quiere decir que el sistema no sea sostenible. El factor demográfico puede pertenecer al pasado si hay voluntad, ya que la pregunta del futuro podría no ser cuántos cotizantes necesita un pensionista, sino cuántos robots. El problema no es el sistema de pensiones, sino el sistema. Si hay voluntad de reparto, aunque sea para mantener el consumo, el sistema se mantendrá. Si no lo hace, igual es el sistema el que no sale de la crisis permanente en que está sumido en este momento porque ¿para qué producir si no hay consumidores?».

Y le contesté:

«En los 90, en Francia, se pensó en implantar la cotización de los robots; evidentemente, no prosperó.

»La evolución del sistema, pienso, es la renta básica, y eso, pienso, sustituirá a todo subsidio, prestación y pensión ahora existente. Quienes puedan continuar trabajando, quienes tengan un patrimonio, tendrán un complemento, quienes no...».

Y me dijo:

«Pero eso no quiere decir que el sistema no sea sostenible, sino que no interesa que sea sostenible. No se trata de que los robots coticen, en sentido estricto, sino entender que siempre que ha habido avances tecnológicos (los obreros destruían las máquinas en la revolución industrial) eso ha supuesto a medio plazo reducción de la jornada de trabajo y mejoras sociales, principalmente porque alguien tenía que consumir lo que se producía. No imagino un mundo con producción solo para ricos y menos en un mundo globalizado. Los menos ricos querrán producir de un modo menos selectivo para ganar más, etcétera».

Y le respondí:

«Pero nunca jamás en la Historia las posibilidades de la tecnología han sido las que son ahora, y lo que viene. La necesidad de factor trabajo se va a hundir, y por ello su demanda; lo que llevará a la caída de los salarios y de las cotizaciones y de ahí la de las pensiones. Piensa sólo en que los jóvenes que ahora tienen veinte años tendrán que pagar nuestras pensiones; ¿cuántos trabajan?, ¿qué tipo de contratos tienen?, ¿con qué salarios son remunerados?

»No, los bienes no serán sólo para ricos: los bienes "de consumo necesario" serán vendidos a un precio asequible para la renta básica, precio que corresponderá a unos costes muy reducidos conseguidos gracias a la enorme productividad con que se fabricarán.

»Están los planes de pensiones, pero la rentabilidad de los planes de pensiones no ha sido financiera, sino fiscal: el 90 % de sus aportaciones se hacían en diciembre, cuando, los que podían, hacían su simulación del IRPF del año siguiente: un 15 % de desgravación estaba muy bien. De ahí se deduce que los planes de pensiones, aunque se publicitaban para todos, eran para pocos».

Y me respondió:

«Si miro hacia atrás ha habido momentos en la historia parecidos o peores. Y no solo aquí. Solo hay que revisar "Las uvas de la ira". Sigo sin ver lo de un capitalismo sin consumidores o consumidores pobres».

Y le contesté:

«La década de 1930 no tiene nada que ver con la del 2010. Por infinitas razones, pero sobre todo porque entonces las expectativas eran absolutamente crecientes en todos los órdenes porque muchísimas cosas estaban por hacer, pero sobre todo porque para generar el máximo PIB que fuese posible hacía falta factor trabajo, y ahora las expectativas son enormes en muy escasísimos campos y para generar el PIB que haga falta cada vez es preciso menos factor trabajo.

»En los años treinta se pretendía ocupar a todo el mundo para que, por ejemplo, todo el mundo tuviese un automóvil. Hoy se pretende disponer de los mejores cincuenta cerebros y del capital necesario para secuenciar una proteína del maíz que lo haga resistir sequías tremendas y rebaje su coste de producción el 15 % (maíz que será plantado y cosechado por máquinas robotizadas diseñadas por veinte cerebros y ensambladas por robots).

»El capitalismo, de momento, pervivirá porque lo harán sus principios: propiedad privada de los medios de producción, existencia de trabajo asalariado, protección jurídica del derecho de propiedad..., pero no tendrá nada que ver con el capitalismo de los sesenta, al igual que este en nada se parecía al de la década de 1860. En el capitalismo de los sesenta, el consumo era esencial; en el de hoy, no, al igual que no lo era en el de la década de 1860, pero en ese la inversión era la que tenía que ser para hacer lo que se quería: bastante limitada, y en el de hoy es necesario que sea enorme y masiva.

»Hoy, en muchos los lugares, las expectativas están por los suelos, situación idónea para montar una tangana como en el pasado, pero el capitalismo aprendió y por eso puso en marcha el modelo de protección social, y por eso los recortes no han acabado con todo:

"el pueblo" tiene que percibir que algo tiene que perder si se porta mal, y por ello, pienso, se va a poner en marcha la renta básica.

»Si repasas los últimos doscientos años, primero se reivindicó un salario suficiente y la reducción de la jornada laboral; después, vacaciones y derechos sindicales. Pero después pasó a pedirse el mantenimiento de los puestos de trabajo, y después se montaban manifestaciones para evitar los desahucios, y dentro de poco se luchará por una renta básica. Es la deconstrucción de un sistema».

De momento, aquí estamos.

(7/11/2014)

20

AUTOMÓVIL

Ya les he hablado de que conozco a una autoridad en el mundo del automóvil, y de que, a veces, me cuenta cosas. Ayer me remitió un mail a raíz de un comentario que le hice.

«Lo del PIVE lo hemos hablado más de una vez: las subvenciones simplemente desplazan el momento de compra, si realmente quieren sacar coches viejos (peligrosos/contaminantes) de la carretera que endurezcan los controles de ITV y sean más estrictos en las estaciones de revisión.

»La gente no compra coches nuevos si no tiene dinero (habiendo coches de 9.000 €, cuando la gente se compra coches de 20.000 € con el PIVE incluido... los gobiernos son TONTOS). El argumento de los fabricantes de que si no hay PIVE se marchan es ridículo (producen en España porque sale barato y se exporta casi todo, no es para consumo "local").

»[...]

»Hay coches (y motos) de más de 100 años que funcionan perfectamente (el problema que ocasiona que un coche "se rompa" es siempre la falta de recambios y/o la tacañería en el mantenimiento (he visto coches que en 60.000 km no habían cambiado el aceite ni los filtros... aún funcionaban pero seguramente habían acortado su vida útil). Pronto no habrá muchos "clásicos" de los '80 o '90: la electrónica es difícil de reparar y llevan piezas de goma y plástico pequeñitas que nadie fabrica».

Para meditar.

(19/11/2014)

REALIDAD NO VIRTUAL

Me lo contaron hace unos días, y me lo contó el protagonista. Un profesional con bastantes años de profesión a cuestas, sector técnico, elevada cualificación. Hablábamos de los cambios que está habiendo en la sociedad, de las crisis, de los recortes, de lo que han cambiado las cosas.

Está casado, con dos niños. Su esposa trabajaba en una empresa, en temas de planificación estratégica, también desde hace bastantes años, también cualificada. La empresa redujo actividad por la crisis, uno de los dueños vendió su parte al otro, este vendió una parte a un tercero, reorganizaron el conjunto y casi la mitad del personal fue despedido, entre ellos la esposa de quien me contaba lo que yo ahora les estoy contando.

De tener dos sueldos han pasado a tener uno: la esposa no ha encontrado nada y ambos están convencidos de que no va a encontrar nada. Me decía mi narrador: «De ser clase media hemos pasado a ser pobres. De mirar en qué gastábamos hemos pasado a no poder gastar. Y rezando para que no llegue ningún imprevisto».

Les aseguro que me impresionó, entre otras razones porque puso ejemplos concretos que ahora, obviamente, omito. ¿Cuántas personas como estas habrá ahora en España? ¿Cuántas familias? Esos niños, a no ser que sean megacracks, ¿qué expectativas tienen? ¿Se imaginan qué le sucedería a esa familia si quien me estaba contando esto tuviera un traspié en su trabajo? Es tan, tan liviana hoy la realidad social, tanto. Y tan incierta.

Este es un mero ejemplo de la Sociedad 1/3. Quien me lo contaba era parte de la clase media, hoy es miembro en precario del segundo tercio; si su estado experimenta un desplazamiento, está claro hacia donde será.

Algunos políticos dicen que España se está recuperando, otros que es posible un cambio radical. Seguro que ustedes conocen, al menos, una situación como la que les he narrado. Cuando oigan lo que dicen los políticos, piensen en ellas.

(23/11/2014)

22

HOLA

Hoy he recibido un mail que, como siempre, reproduzco tal cual:

«Hola [...] la verdad que como pinta usted el panorama del futuro me asusta ya que yo soy una persona sin formacion y con pocas o nulas opciones de estudiar por tema economico y de desplazamiento, segun leo lo que usted escribe el dia de mañana para la gente que se encuentra en mi misma situacion (gente sin titulacion y/o estudios) sera un futuro muy negro y sin apenas esperanzas de encontrar un trabajo como los de "antes" a 8 horas bien remunerado etcétera... yo actualmente estoy en una situacion de desempleo y muy a mi pesar e decidido no ir a echar currculums por que total no voy a volver a echar (curriculums) donde ya los e echado y eso sin contar el gasto de imprimir los curriculums y la gasolina para ir desplazándome».

Leyendo este mail se me ha ocurrido una pregunta para la señora ministra de Trabajo o para la señora secretaria de Empleo: «¿Qué puede hacer esta persona que me ha escrito el mail anterior?».

(1/12/2014)

TRABAJO: REFLEXIONES

Hace unos de días recibí este mail:

«Soy un ingeniero de [nombre de una especialidad] que recién ha terminado los estudios. Tuve la suerte de poder realizar la tesis de master en [nombre de una organización internacional]. Una vez finalizada la tesis mi grupo de trabajo me ofreció continuar trabajando con ellos con un contrato temporal de 6 meses prorrogable. Esta prórroga dependía de si estaban contentos con mi trabajo, y de si el grupo tenía presupuesto para contratar a alguien en mi posición, todo muy razonable. Yo acepté el puesto porque si bien el trabajo que hago ahora no me apasiona, me permitía tener un salario mientras esperaba la respuesta de otro departamento en [la organización antes referida] a una solicitud de empleo. Finalmente, no obtuve esta posición, pero esto es lo de menos. Mi reflexión tiene que ver con la temporalidad de los contratos.

»Durante mi tesis de master y el principio de mi actual contrato, yo trabajaba muchas más horas de las que oficialmente me tocaba hacer. Esto era porque quería demostrar que no se habían equivocado escogiéndome, para asegurarme un trabajo y también porque quería tener una buena nota en mi tesis. Mi grupo estaba muy contento con mi rendimiento, pero al cabo de unos meses me di cuenta que estaba sacrificando demasiado de mi vida personal por el trabajo. Esto no fue observado por mi jefa ya que coincidimos muy poco.

»Ahora me encuentro en la situación que sé que a partir de

abril no voy a continuar en [esa institución] (obviamente estoy buscando trabajo), y mi actitud respecto al trabajo ha pasado de demostrar mucha implicación a ser algo más "funcionarial".

»Sé que actualmente, cada vez son más comunes los contratos con duración determinada, y mi pregunta es: vale la pena contratar a alguien con contrato de duración determinada sabiendo que al final de dicho contrato el rendimiento del trabajador seguramente caiga mucho? Y sé que me dirá que depende del sector y de la oferta de trabajo (mano de obra) de ese sector.

»Mi otra reflexión tiene que ver con los créditos e hipotecas. En [esa institución] es muy difícil obtener un contrato fijo, ya que una vez se obtiene es casi imposible echar a ese trabajador. Se da el caso que hay muchos trabajadores cualificados con contratos de 2, 3 o 5 años que se van prorrogando. Dichos trabajadores tienen muy buenos sueldos, pero se encuentran con graves problemas si quieren comprar una casa o incluso un coche ya que en muchos casos los bancos no les conceden créditos ya que no se fían de que los puedan pagar una vez su contrato termine.

»En una situación global en la que se tiende cada vez más a contratos no indefinidos, como van a poder los trabajadores acceder a créditos? Se supone que los bancos ganan dinero prestándolo, ¿cómo les va a afectar una situación en la que casi no puedan prestar?».

Mi respuesta fue:

«Aborda usted muchos temas en su escrito, pero todos pueden resumirse en uno: la demanda de trabajo es menor que la oferta de trabajo, y eso hoy está sucediendo en el 99,99 % de las actividades y profesiones.

»Usted se quedaba trabajando muy por encima de lo que por contrato indicaba su jornada, pero es que se estaba dando por supuesto que eso iba a ser así porque lo que condicionaba su horario no era su contrato, sino las tareas que debía llevar a cabo. Y conste que el no reconocérselo fue un grave error: su responsable sabe muy poco de recursos humanos.

»La segunda parte: como hay exceso de oferta de trabajo se escoge al más mejor de entre los más mejores, y en todos los sectores: ayer vi una oferta de empleo de una empresa en la que para un puesto de administrativa de secretaría, menos un doctorado en egiptología y experiencia en computadoras cuánticas, pedían de todo; ¿el salario?, el que corresponde a una administrativa de secretaría. Hoy la demanda de trabajo tiene un abanico tan superamplio donde elegir, que quien escoge, literalmente escoge lo que le apetece, sabiendo que si aquella persona falla, en la puerta hay una cola de personas esperando.

»Luego viene la tercera parte. Desde los años ochenta, pero sobre todo desde el 2000, la tendencia, en el mundo profesional de alta cualificación, es la contratación por proyecto (en la media y baja cualificación es el contrato temporal y a tiempo parcial). Al finalizar el proyecto, adiós. Claro, claro, si la persona es superbuena, si ha creado un entorno favorable, si el nivel de satisfacción hacia ella es elevado, tiene todos los números para que le ofrezcan integrarse en otro proyecto, porque, no nos engañemos, se puede ser una empresa muy multinacional, pero mejor es lo bueno conocido que lo bueno por conocer.

»Y, como podrá deducir, la cuarta parte es obvia: en un escenario como ese, ¿qué remuneración se puede esperar? Pues en el 99,9999 % de los casos, justita. ¿Es que ha pasado a valorarse poco el trabajo desempeñado en puestos en los que se requiere elevada cualificación? No, lo que sucede es que hoy hay menos puestos disponibles que candidatos a tales puestos.

»Incertidumbre. Inseguridad. Pues sí: esos son los conceptos que, pienso, van a acompañar al mundo del trabajo en las próximas muchas décadas; lo que pasa es que todo es relativo. Para una persona de cincuenta años de edad que conoció el pasado y que tuvo un contrato fijo, indefinido y a tiempo completo, con subidas salariales indexadas a la inflación, o casi, con pluses de antigüedad, con vacaciones pagadas y con aperitivo de Navidad, esto que viene es incomprensible y terrorífico. Para un niño que hoy tiene tres años de edad, lo descrito será parte de la Historia, como lo son las Guerras Napoleónicas, y lo antes dicho será la norma. El tema está siendo muy duro para personas entre veinticinco y cuarenta y cinco años de edad porque han conocido (aunque no se hayan desempeñado en él) otro mundo laboral (ya no en su esplendor, pero bueno) y están transitando hacia otro, muy diferente y al que llegarán en toda su plenitud

»El final: ¿adquirir una casa? ¿comprar un automóvil? No: en ese nuevo mundo ultraflexible sujeto al proyecto y en el que un profesional hoy puede estar aquí y mañana allá, ese modelo de consecución de una propiedad no tiene sentido: lo suyo es el acceso al uso y pagar por ello: hoy estoy en esta ciudad, tengo este empleo y obtengo esta remuneración, lo que me permite tal vivienda; mañana, quién sabe dónde estaré y cuál será mi remuneración: ya me plantearé en su momento el tema de la vivienda. Con el transporte, lo mismo: transporte colectivo —que no necesariamente público—, y si precisa un automóvil un fin de semana, accede a su uso por ese tiempo.

»Ya: la familia, los hobbies. Complicado. Posiblemente —y de ello se habla muy poco— será uno de los temas más complejos de resolver. Lo de la "conciliación de la vida laboral y familiar", en la mayoría de los casos, es un puro mito: si alguien contrata a un profesional para realizar una serie de tareas, y el realizarlas implica horarios "raros" y abundantes desplazamientos, el contratante no entenderá planteamientos que se aparten del contrato: está pagando por unos resultados de los que depende un proceso del que él tiene que dar cuentas. Es decir: será cuestión de escoger: quienes deseen un desarrollo profesional potente, una proyección laboral, deberán, cada vez más, renunciar a cosas. Eso en un entorno de trabajo generador de alto valor; a otros niveles no será cuestión de elección: simplemente, la persona se verá forzada a ello.

»Pensará que es una realidad completamente diferente a lo vivido o contado, y sí. Es que estamos entrando en un nuevo modelo.

»Y por lo que respecta a los bancos, no se preocupe».

(4/12/2014)

SALIDAS PROFESIONALES DIVERSAS

Recientemente he recibido un mail:

«Soy de [una región española], tengo x años recién cumplidos. Estudié Ingeniero [nombre de una especialidad de ingeniería], y al poco de acabar la carrera, empecé a trabajar en la obra pública, en una constructora. Durante diez años he tenido la oportunidad de trabajar en varias empresas, tanto nacionales como internacionales, aunque casi siempre a nivel de provincia, ya que nunca ha faltado trabajo. En los últimos años, casi en lo único que se ha invertido en la obra pública ha sido en los tramos del AVE, y una vez terminabas la ejecución del tramo correspondiente, a no ser que coincidía que el inicio de otro tramo, muchos de nosotros nos íbamos al paro, como fue mi caso el pasado mes de abril. Ahora mismo estoy estudiando el máster de enseñanza secundaria, ya que es obligatorio dicha titulación para acceder a las listas públicas de enseñanza.

»Mi pregunta es, una persona con 10 años de experiencia en el sector de la construcción, cuál puede ser la estrategia más sensata viendo hacia donde nos dirigimos, más en la construcción, hacer las maletas y continuar en un trabajo donde el futuro es incierto, las condiciones laborales cada día van empeorando, pero que tengo un curriculum, y puedo presentarlo en las empresas.

»O por el contrario, intentar abrir nuevas opciones aunque soy consciente que el mundo de la docencia en secundaria ya ha vivido sus mejores momentos, que las condiciones de los funcionarios en un futuro, tanto en número como en condiciones laborables van a empeorar bastante, y supongo que la natalidad tampoco se mantendrá como hasta ahora.

»Conozco a bastantes personas que se encuentran en una situación parecida, sin saber muy bien cómo actuar, como si tuviéramos que tomar una decisión que va a marcar nuestras vidas, pero todavía no nos queremos rendir a mantener la esperanza de que sin movernos de nuestro entorno podremos tener la oportunidad de volver a trabajar de una forma digna».

Mi respuesta fue:

«Conceptualmente, rechazo la idea de que un ingeniero, con una especialidad, dé clases de mates o de física a chicos de catorce años, la rechazo no porque sea nada malo dar clases de mates o de física a chicos de catorce años, sino porque eso supone desperdiciar un montón de capital humano, años de esfuerzo, un CV y, en la mayor parte de los casos, muchas ilusiones porque, no nos engañemos, ¿cuántos ingenieros cuando obtienen su título tienen como objetivo impartir clases de mates o de física a chicos de catorce años? Claro, claro, la necesidad, el exceso de oferta de trabajo, y un montón más de razones.

»La necesidad. Un activo que tiene un ingeniero es tener una mente muy analítica y estructurada, lo que le permite entrar en otros terrenos relacionados con la gestión. ¿Ha pensado en orientarse por ahí? ¿Cree que tiene posibilidades? Sólo tendría que realizar un postgrado en administración. Evidentemente, ampliaría la zona de búsqueda. Y si realmente ha agotado todas las posibilidades, haga ese máster de enseñanza secundaria pero tómeselo como algo temporal y continúe buscando otras alternativas».

Por descontado, «la crisis ya es historia».

(16/12/2014)

REFLEXIÓN

Acabo de recibir un mail:

«En el año 1965 en España se pagaba el 0,4 % de ITE, después paso al 0,7 % y así sucesivamente creo hasta el 2,7 %, después el IVA y los impuestos y seguidamente todo para arriba y las rentabilidades para abajo.

»Le va a costar mucho o poco encontrar trabajo, depende de lo que quiera ganar o cobrar.

»En el 1965 se fabricaba todo en España bien o mal pero después llegaron los alemanes con sus maquinas y sus créditos, y después los chinos y ahora nadie fabrica, nadie sabe nada ni los de estudios de universidad ni los sin estudios.

»En México estamos igual pero o gran invento tenemos el peso mexicano que ahora se ha devaluado y trabajamos y no importamos tanto.

»PD: Los de Audi están construyendo una mega fabrica, traerán máquinas usadas de sus plantas y aquí las pondrán, mano de obra barata o parece que es barata».

Mi respuesta:

«Pero el PIB per cápita del 2014 es el que es y el de 1965 era el que era. Y el estándar de vida, y el modelo de protección social. La reflexión es simple: hoy, de media, en España se vive mejor de lo que se vivía en 1965, pero ¿qué parte de ese incremento era, de verdad, financiable por España y qué parte ha sido mera deuda que ahora hay que pagar?

»México, pienso, tiene un enorme y doble problema: mucha población para su capacidad de crecimiento; junto a eso, un nivel de dependencia del exterior tremendo. Recuerde las palabras del presidente Porfirio Díaz: "México, tan lejos de Dios y tan cerca de Estados Unidos". Pienso que lo resumió bien».

Para meditar, como siempre.

(18/12/2015)

26

ARREGLO

Recibo un mail:

«Ahora toca que la prensa económica nos bombardee con el tema de la deflacción, y lo horrible que puede ser entrar en ella, (ya estamos). Ya se sabe: el trade-off: deflacción (bestial) USA vs inflacción (tambien brutal) alemana, años 30, (en Alemania también antes). Y así nos va con la cicateria alemana en Europa.

»Mi opinión es que esto es un dislate, porque no estamos ni de lejos en nada que se parezca al USA-30's. Pero lo que me gustaria que comentara, si le parece bien, es la milonga-argumento con la que nis amenazan: Deflacción, (ojo: pq la gente no tiene pasta: estilo USA-30? porque todo vale menos ya que se han pasado 7 pueblos produciendo? Por ambas cosas?, etc, etc: el rollo de siempre: deudas suben relativamente, empresas ganan menos-asi-que-generan menos empleo-mas paro, and so on and so forth...

»Pero vamos a ver. No está meriadianamente claro, (como usted y otros están hartos de demostrar) que la curva de productividad se ha separado con el paso de las décadas enórmememente de la de salarios? Moraleja: los gordos, (los que ganan la pasta de verdad a costa de todos los demás) ganan cada vez mas, mientras los curritos, (eso que se llama el pueblo) gana relativamente lo mismo o menos.

»Conclusión: si la deflacción genera desempleo será pq los gordos quieren seguir ganando lo mismo a costa de los curritos. Pero esto no es una cuestión económico-estructural, sino lo de siempre... Mas viejo que Adán (Hobbes, etc.)».

Mi respuesta:

«Pienso que el problema es: por el lado de la demanda y de la oferta, la deuda; y por el de la oferta, el exceso de capacidad productiva. La situación deflacionaria es la consecuencia. Efectivamente, las posibilidades de crecimiento de la productividad aún complican más la situación.

»Pregunta: ¿Cómo se arregla eso? Respuesta: Si por "arreglo" quiere decir "volver los a niveles de plena ocupación y de alto consumo de antes", no se puede; porque siempre aparecerá alguien mejorando la productividad, lo que creará más distorsiones.

»La salida, pienso, está en reestructurar la deuda a fin de liberar poder adquisitivo (tanto público como privado); aumentar mucho la productividad a fin de reducir costes; implementar la renta básica para que los desempleados actuales y futuros y los jubilados tengan garantizado un poder adquisitivo mínimo; eliminar deducciones fiscales y reducir tipos a fin de que aumenten las bases imponibles, a la vez que se persigue el fraude fiscal con el fin de que aumente la recaudación fiscal, lo que hará crecer los ingresos fiscales, de manera que se reducirá el déficit y se dispondrá de fondos para atender gasto público. A medio plazo se puede ir pensando en ir limitando el uso del dinero metálico a fin de que vaya desapareciendo la economía sumergida».

(22/12/2014)

REFLEXIONES DE UN JOVEN DE VEINTIOCHO AÑOS DE EDAD

Hace unos días recibí un mail. He tomado como título de este escrito el asunto del mail en cuestión.

«Tengo 28 años, en su día hice el Bachillerato y empecé una carrera de [nombre de un grado universitario], al tiempo me di cuenta que aquello poco futuro tenia y me dediqué a la construcción como tantos otros, luego me dediqué a trabajar en el sector de ocio nocturno y la música, con el cual aún sigo vinculado. Afortunadamente, y como siempre fui un poco "antisistema" en cambio de hipotecarme y tener hijos, me cogí la bicicleta y me dio por viajar por Europa, aproximadamente por 14 países, y por supuesto aprendí Inglés.

»Ahora por aquello del "saber no ocupa lugar" más placebo que práctico, me dio por apuntarme este año a un Grado Superior. Y aquí viene la pregunta del millón: "¿Qué sentido tiene un Sistema en el cual, irse a trabajar de dependiente a Dinamarca o a Holanda, o ir de reponedor a Suiza, te vas a ganar mejor la vida que muchos titulados superiores en España?". Aun haciendo lo que "ellos" no quieren, vives mejor. ¿Se ha convertido España en un país de segunda, o es de cuarta categoría? Quien co** se cree que vas a cobrar más en España que en Luxemburgo?

»Alguien debería ya plantearse muchas cosas, empezando por el sistema educativo. Mi solución la tengo clara: la T1 del Aeropuerto del Prat».

Mi respuesta fue:

«Cierto: en Zurich, un trabajador de Lidl tiene un salario mínimo de 4.000 CHF, pero ¿qué cuesta vivir en Zurich? La pregunta es: "¿Un reponedor de Lidl en Zurich vive mejor que un reponedor de Mercadona en Barcelona?". Vivir mejor, en conjunto, me suena que no. Cierto: un ingeniero de sistemas en Helsinki o en Múnich trabajando de ingeniero de sistemas vive mejor que un ingeniero de sistemas en Barcelona, entre otras razones porque un ingeniero de sistemas tiene más probabilidades de trabajar de ingeniero de sistemas en Helsinki o en Múnich que en Barcelona. La diferencia es esa: en Zurich, en Helsinki y en Múnich hay mucha más demanda de trabajo que en Barcelona, luego las probabilidades de encontrar un empleo en esas ciudades es mayor. Un empleo: cualquier empleo.

»La formación es esencial, y cada vez lo será más, lo que sucede es que no tiene por qué ser necesariamente reglada. Usted seguro que es un experto en lo que hace, y ¿dónde lo aprendió?, pues por usted mismo: autoaprendizaje. Cada vez más el autoaprendizaje con recorridos personalizados por uno mismo en los que se combine lo aprendido con el trabajo profesional, la autoformación y la asistencia a centros donde se curse una materia o un cuatrimestre para aprender algo en concreto, será más habitual. Es decir, lo importante será saber hacer algo, no cómo se ha aprendido a hacerlo; obviamente, la "inteligencia natural" tendrá una mayor importancia.

»¿La TI?, para algunos sí, para otros no. Irse a la aventura cada vez será más complicado porque la demanda de trabajo tiende a la baja en todas partes, luego la emigración a la brava...

»Ante planteamientos como este caben dos preguntas, una excluyente de la otra: o bien está España tirando por la ventana toneladas de capital humano (cuyo valor nadie calcula) y cuya carencia se padecerá en el futuro, o bien el capital humano que se va es un excedente que aquí jamás se utilizará. En el primer caso se están quemando cantidades ingentes de dinero, sea público o privado; en el segundo, evidentemente, también».

(12/1/2015)

CLASE MEDIA

Atención a lo que sigue: es un mail que recibí ayer:

«Hoy hablando con un padre de uno de los compañeros de clase de mi hijo se me ha encendido la luz de lo que la gente no acaba de entender.

»La hecatombe de sueldos es sobre todo en la clase media y baja. La baja no tanto porque si bajasen aún más saldría descaradamente a cuenta vivir de ayudas sociales o simplemente en "B".

»Caso del padre a que me refería: ingeniero. Gana 40.000 € brutos al año con 10.000 € adicionales. Le ofrecen un trabajo para viajar por el mundo de asistencia técnica de no se qué maquinas. Le ofrecen 45.000 más incentivos brutos.

»Yo le he dicho que para largarte por el mundo me tienen que pagar por lo menos 60.000... netos!

»Mire esto:

»Se gana en bruto 26.000, quitan el 22 % (SS + IRPF) y se queda con 20.000.

»Otro gana 40.000 bruto, le quintan el 33 % y se queda con 26.500.

»Otro 50.000 bruto, se le quita el 38 % y se queda con 31.000.

»Alguien gana 100.000 €, le quitan casi el 60 % y se queda con 40.000.

»Han hecho que casi todos ganemos casi lo mismo !!!!!!!

»La gente no entiende que el ingeniero que se iba por el mundo ganaba 5 veces en neto lo del trabajador. Ahora, apenas un 50 % más. Esos son los que han perdido, y el resto su consumo.

»La gente, cuando oye sobre la caída de los salarios, piensa en los trabajadores normales, que estos acabarán ganando 500 €. Difícil porque antes muchos se quedan en casa y eso presiona hacia arriba. Cuesta mucho encontrar gente que quiera ganar tan poco incluso haciendo jornada parcial.

»Es la gente que se ganaba muy bien la vida quienes realmente se han venido abajo».

Quien me escribió estaba poniendo el acento en algo que se percibe pero de lo que no se habla: la pérdida de poder adquisitivo de la clase media y la convergencia de los poderes adquisitivos finales de esta.

En los ejemplos numéricos, la remuneración más elevada es más de 3,8 veces la menor de las indicadas, pero en dinero de bolsillo sólo es el doble. Una remuneración bruta de 100.000 euros anuales no es muy común en España, bastante más lo es una de 26.000. Las responsabilidades, el valor que hay que generar para acceder a ganar 100.000 € al año son infinitamente mayores que las correspondientes a un salario de 26.000, pero eso, al final no queda reflejado en el neto. Este problema, sin embargo, no se da con las remuneraciones de, por ejemplo, cuatro millones, ya que su mix y las posibilidades fiscales a las que sus perceptores pueden acceder diluyen el problema.

Lo que dice quien me escribe sobre que es mejor quedarse en casa con remuneraciones de 500 € no está claro si las ayudas sociales continúan disminuyendo al ritmo actual, a no ser que se instaure la renta básica. Y lo de pasarse a «B» pienso que cada vez va a ser más difícil porque, por pura lógica, los gobiernos tratarán de reducir esa parcela a fin de incrementar los ingresos públicos: con el sistema fiscal actual, la única vía para aumentar los ingresos sin aumentar los tipos y sin eliminar deducciones es luchar contra el fraude fiscal. (Sí: ya hemos comentado sobre las consecuencias de perseguir el fraude de baja intensidad).

Por ello, pienso —también lo hemos comentado—, el sistema

fiscal debería dejar de gravar los ingresos y debería fijar su atención en los gastos, con tipos variables según el tipo de gasto realizado, el lugar en el que el gasto se realiza considerando el IPC, la cantidad gastada, introduciendo tipos negativos para bienes definidos como de primera necesidad, y extendiendo el modelo al menos a la dimensión europea. No, la idea no es mía: es la evolución de un modelo fiscal proyectado en los sesenta por el economista Nicholas Kaldor, que fue asesor del premier británico Harold Wilson.

Volviendo a los salarios, está claro cuál es el camino: ganar cuatro millones.

(17/1/2015)

29

DEUDA SUIZA

Me acaban de escribir un mail:

«Es increíble, en plena crisis mundial y con todos los problemas que está habiendo Suiza emite bonos a 10 años al −0,19 %. ¿A quién no le dan ganas de vivir en Suiza?

»Me parece raro que siendo el país que mejor está nadie hable de cómo funcionan allí. Es como si no fuera ejemplo para nadie ni para nada».

Mi respuesta:

«Léalo al revés: no es que Suiza está muy bien, es que el resto está fatal, tan fatal que prefieren pagar para que el Estado suizo les venda deuda ya que piensan que esos papeles que quieren comprar valen más que el dinero que tienen en el bolsillo.

»El modelo suizo no es exportable, es único y original, y nace en los años veinte. A partir de entonces, Suiza se convirtió en un santuario: ¿nunca se ha preguntado por qué no fue invadida por Alemania en la II GM?».

(21/1/2015)

30

MÁS SOBRE LAS PENSIONES

Hace unos días recibí un mail de un lector en relación a un texto que aquí publiqué en el que abordaba la problemática existente con las pensiones; este: «Las pensiones en España, más» (8).

Este era el mail:

«Hace ya unos años le escribí para contarle un poco sobre los ingenieros industriales, entre los que me encuentro. Pero no le escribo sobre ello esta vez, sino sobre su artículo de las pensiones; aunque para ello le tenga que contar un poco sobre mi historia.

»Al final me metí a educación (aunque no le guste, y lo entiendo perfectamente) donde (todavía para más inri) cada vez hay más ingenieros. Gracias a los recortes y cambios de baremos, viendo peligrar el sustento, me metí al grado en Economía por si tuviera que salir fuera (ingeniero, economista, inglés y francés, supongo que me querrán a pesar de mis años de docencia) o mejorar en las listas de educación.

»La cuestión es que en una clase salió ese tema y salté como un resorte. Sostuve que no tengo nada que ver con los jubilados, ni les debo nada ni su pensión depende de lo que gane yo o de si me quedo o me voy al extranjero. Ante la objeción de en qué parte del cálculo de las pensiones aparece la variable de lo que pagan actualmente los cotizantes y su número, la profesora no tuvo más remedio que admitir que la pensión no es función de lo que paguen los trabajadores actuales mientras la clase derivaba en discusiones entre otros alumnos y uno de ellos que es jubilado (e ingeniero también), gritos de "No voy a pagar tu pensión"... En fin, un espectáculo.

»La idea de la solidaridad intergeneracional no es sino justificar el timo que nos ha hecho el gobierno desde la creación del sistema de pensiones. Ninguno de los que trabajamos ahora debemos pagar nada a los que se han jubilado porque su pensión no depende ni de lo que ganemos los trabajadores, ni del nivel de trabajo que haya después de jubilarse, ni del nivel de vida existente actualmente, ni de la cantidad de trabajadores. Simplemente depende de lo que ellos pagaron en su momento.

»Es decir, bien entendido es como si nos dijeran a todos los que nacimos en 1978: "Señores, ustedes van a ir pagando y vamos a meter ese dinero en una caja, cuando uno tenga algún problema como invalidez iremos sacando dinero para dárselo y, cuando se jubilen, lo que haya en la caja se lo iremos dando mes a mes a los supervivientes. Para ello haremos cálculos con lo aportado por cada uno y, a más aportación, más pensión". Y se repitiera el esquema para los nacidos en cada año. Lo que sería un seguro intrageneracional. En la forma en que lo narro, no habría ningún problema salvo que los cálculos estadísticos se hubieran hecho mal, pero nadie habla de eso.

»Así que llega la tentación del esquema Ponzi: Si cada vez hay más trabajadores, y generalmente con salarios crecientes, siempre tendré superávit y puedo emplear ese dinero en otras cosas. Mientras todo siga así, no habrá problema.

»Ahora viene cuando los trabajadores y los salarios no aumentan y todo se va al traste. Pero la verdadera pregunta es: "¿Qué se ha hecho con el dinero de los jubilados?". No lo puedo asegurar pero creo que se ha aprovechado el dinero para otros fines y se confió en el futuro y así se ha ido hasta que la tormenta termine por tirar todo por tierra porque no hay cimientos, se confiaba en el buen tiempo.

»¿Soluciones? Empezar a hacer las cosas bien a partir de ahora y, lo que se deba pagar, incluirlo en la deuda total. Por supuesto, habría que rehacer los cálculos con mucho más margen para el Estado e intentar sacar dinero para ir pagando esa deuda que se genere. Sin embargo, para mejorar la prestación de los jubilados, habría que dejar de pagar las pensiones de viudedad dentro de unos años: La mujer que no ha trabajado a partir de cierto año es porque no ha querido, ya no se justifica en el mercado laboral cerrado al empleo femenino. Y rebajar las pensiones no contributivas o eliminarlas».

A continuación me remitió otro mail puntualizando algo:

«Quería simplemente matizar la frase de "eliminar o reducir las pensiones no contributivas". Para nada quiero decir que se eliminen o reduzcan las pensiones de invalidez aunque no hayan colaborado al sistema de pensiones. Me refería a las de aquellas personas que, sin causa aparente, han decidido no contribuir a dicho sistema. El primer caso sería no sólo impopular sino una auténtica locura».

Mi respuesta fue esta:

«Veamos. Toca usted muchas teclas. Vayamos al final: pienso que tiene razón y que no la tiene. En un sistema de pensiones de reparto, el vigente en casi todos los países desarrollados hasta las reformas del sistema introducidas en los últimos cinco años, la pensión que una persona percibía en el momento de su jubilación dependía de dos factores: 1) el importe por el que había cotizado, lo que en España se denomina base de cotización, y 2) el importe que se fuese recaudando cada mes de quienes estaban trabajando. La denominada "solidaridad intergeneracional" era una mera figura retórica: la tasa de cobertura: el número de cotizantes era en cada momento más que suficiente para nutrir la "cajita" de la que salía la pensión de cada jubilado medio en función de su base de cotización. Esto era así porque, efectivamente, como los salarios eran siempre crecientes, con lo en un momento recaudado podía atenderse la pensión de alguien calculada en función de unas bases de cotización correspondientes a salarios más bajos; además, durante décadas, el pleno empleo estuvo garantizado, por lo que a más población ocupada, más recaudación y más fondos. En parte esa fue la razón por la que en España se decidió crear la caja de reserva de las pensiones en 1997, operativa —con aportaciones— desde el 2000.

»¿Qué ha sucedido? Tres cosas: a) ya no hay pleno empleo, al revés, el desempleo es creciente, b) los salarios medios están cayendo, luego lo están las cotizaciones, es decir, en la caja de la que se pagan las pensiones cada vez entra menos dinero, y c) ha tenido que utilizarse el fondo de reserva a fin de seguir pagando las pensiones para las que, quienes hoy las están percibiendo, cotizaron. Maticemos más: el desempleo estructural tiende a más, así como el subempleo, por lo que las cotizaciones disminuirán; en consecuencia, a la que se acabe el fondo de reserva, ya que malamente puede nutrirse si falta numerario para pagar las pensiones corrientes, tendrán que reducirse los importes que mensualmente se satisfacen en pensiones o los pensionistas tendrán que desjubilarse. El sistema de reparto es así.

»Lo que usted plantea es un sistema de pensiones de capitalización, como el vigente en Chile. En un sistema de ese tipo, una parte de lo que una persona percibe como salario es dedicada a un fondo de contingencia, es una parte muy mínima que incluso podría desaparecer, y cada persona decide qué parte de su remuneración quiere dedicar a capitalizar su pensión. Si la persona cambia de lugar de trabajo no pasa nada: esa hucha: su hucha, le acompaña dondequiera que vaya. Cada hucha individual es parte de un fondo de titularidad privada, cada persona decide a qué fondo realiza sus aportaciones, y cada fondo decide dónde invierte la suma confiada. Ese sistema tiene tres problemas: por un lado, tiene que competir con otros fondos a fin de convencer a futuros depositantes; por otro, sus inversiones están en los mercados, y estos suben y bajan, por lo que un sistema de capitalización no puede garantizar pensiones anualmente uniformes; por otro más, una serie continuada de años de rentabilidades bajas marcará una tendencia decreciente en las pensiones: en Chile ha sucedido.

»El sistema de pensiones, no lo olvidemos, se instauró por dos motivos: para comprar paz social en un entorno de miseria generalizada, y para proteger de las penurias a quienes no pueden trabajar tras alcanzar una edad que se lo imposibilita: antes de que las pensiones existiesen, en la inmensa mayoría de los casos "vejez" era sinónimo de "miseria". Es decir, el sistema de pensiones se introdujo en un escenario de Guerra Fría y formado parte del modelo de protección social. En un entorno como ese era impensable un sistema de capitalización. Claro que se partió de supuestos que hoy no se dan, o sí: una demanda de trabajo que absorbiera la oferta de trabajo existente, una esperanza de vida de sesenta y cinco años, un estándar de vida que no contemplaba cruceros para jubilados...

»Pienso que los importes que corresponderían a quienes cotizaron por un sistema de reparto no se van a poder pagar por falta de ingresos y porque, de momento, los perceptores viven un número de años muy superior al que en su momento se estimó (esto se corregirá cuando la esperanza de vida disminuya a medida que vaya recortándose la sanidad pública); también que un sistema de capitalización no es sostenible en el tiempo debido a que la necesidad de factor trabajo es decreciente, por lo que la capacidad media de ahorro será muy reducida o nula, y quienes puedan tenerla no crearán una masa crítica suficiente para garantizar sus pensiones. Por lo tanto, sigo pensando, las personas que puedan deberán garantizarse unos rendimientos a través de otras vías y quienes también puedan no jubilarse jamás. ¿El resto?, por eso es imprescindible la renta básica.

»El debate sobre las pensiones va a continuar durante años. Le daremos muchas vueltas, pero no hay que olvidar algo: 1950 era muy, pero que muy diferente al 2020».

(27/1/2015)

31

«Y YO, ¡POR MENOS!»

Una amiga brasileña que reside en Brasil me ha remitido recientemente un mail. En él me comentaba que ha decidido renunciar al
puesto que ocupaba en una compañía multinacional debido a varios motivos, entre ellos que, por cambios organizacionales, ya no
le permitían trabajar a distancia como hasta ahora. Este es su texto; como siempre no varío ni una coma:

«[...] Yo añadiria que és imposible lograrlo por mucho tiempo. Yo
sí he disfrutado del Éden del work-life balance desde abril/2010
hasta febrero/2013. Mi trabajo, bien pagado, era home office, y yo
tenía autonomia total sobre mi agenda de visitas y viajes, con tan
solo la obligación de ir a [nombre de una gran ciudad brasileña] el
último viernes de cada més prestar cuentas de los resultados: bot-
ton line.

»La cereza del pastel: mi director en esta época era un ejecutivo
muy sênior, la persona más polite/educada que te puedes imaginar
en el mundo corporativo. Además muy culto y adorado por su
equipo. Desde que salió por confrontarse a los cámbios, ya nos
han pasado dos directores que juntos no le dan por la mitad.

»Es la evolucion de la vida, todo evoluciona. Acabo de saber
ayer que para mi puesto contrataron una persona interna a quien
le ofrecieran un 40 % de lo que ganhava yo.

»Yo desde el punto de sueldo que llegué, para mantenerme tengo que entregar mucho más, y porque puedo elegir, digo no».

Mi respuesta fue:

«Es el "Y yo, ¡por menos!" del siglo XIX en la I Revolución industrial. La oferta de trabajo, incluyendo la cualificada, es superior a la demanda de trabajo, luego las exigencias de la demanda aumentan y las remuneraciones disminuyen, y si no te gusta, la puerta es muy grande y hay un montón esperando.

»Ya sé que a toro pasado es bastante fácil hacer un análisis, pero ahora se comprenden las facilidades de acceso a los estudios universitarios de los años sesenta, setenta y ochenta, facilidades en todos los sentidos: precios asequibles, becas generosas y créditos en condiciones ventajosas, aumento del número de escuelas universitarias y de universidades, residencias para estudiantes... Y a eso se añadió la oferta de centros privados. La ventaja del número elevado de titulados es que la probabilidad de obtener una cantidad más que suficiente de candidatos crece. Los gastos de formación los pagamos todos a través de impuestos (no en las privadas, pero esa vía es en sí misma un negocio) y luego se benefician quienes necesitan a esos titulados, y si el mercado asigna un puesto de barrendero a un abogado, es porque —esa es la lectura— ese abogado algo ha hecho mal.

»Claro, otra opción hubiese sido una asignación regulada de recursos: escoger a las/los mejores en función de unas necesidades y darles lo necesario. Pero entonces las remuneraciones y las condiciones tendrían que ser otras: más elevadas y mejores. Y desde luego no podrían ser las que tú detallas. Y esta situación va a más porque crecientemente la forma como has obtenido un conocimiento o una cualificación es menos importante, lo importante es que la tengas; y hoy es tan fácil ser un experto en algo simplemente buceando en internet (al menos, de momento)».

Mi amiga no va a tener ningún problema en encontrar otra opción que le interese porque es una gran profesional, pero el tema va infinitamente más allá de mi amiga. El sistema ha estado creando una oferta de trabajo cualificado enorme de la que sólo se necesita a los mejores elementos a cambio de unas condiciones muy bajas. A no ser, claro, que se sea un megacrack y se tengan unos contactos de jefe de Gobierno para arriba.

(30/1/2015)

32

MÁS SOBRE LA «CLASE MEDIA»

En relación al texto «Clase media», un lector me ha remitido el siguiente mail:

«En el artículo de opinión "La Clase Media" (9) y hablando de una "hecatombe", se cometen por parte de la persona que lo afirma una serie de imprecisiones:

»Para el supuesto de una persona casada, con un hijo y que se desgrava hipoteca (vamos matizando).

»Para un salario de 26.000 euros se obtienen 21.124 (en vez de 20.000).

»Para un salario de 40.000 euros se obtienen 29.532 (en vez de 26.500) diferencia considerable.

»Para un salario de 50.000 euros se obtienen 35.507 (en vez de 31.000) diferencia notoria.

»Para un salario de 100.000 euros se obtienen 63.192 (en vez de 40.000) diferencia flagrante.

»Los datos los he obtenido utilizando una calculadora de sueldos de las que hay muchas.

»Coincido con usted en que en estos momentos de crisis hay que tener una posición precavida, nunca excesivamente optimista, incluso pesimista, pero la gente que pregona una "hecatombe" y con ello utiliza datos falsos merecen ser contrastados.

»Creo que los españoles todavía podemos y debemos creer en levantarnos por la mañana todos los días para ir a trabajar para ganar un sueldo lo más competitivo posible, dentro de la penosa situación en las que nos encontramos. Eso hago yo para trabajar como [una profesión titulada] en una empresa subcontratada en [nombre de un organismo vinculado con una entidad financiera]. En relación al tema de su artículo de opinión, es cierto que los [practicantes de dicha profesión] no nos vemos tan afectados por la crisis, aunque nuestro salario ha bajado un 15 %. Yo cobro 27.500 euros, por cierto, y pago un 15,18 % de IRPF».

(19/2/2015)

33

FLEXIBILIDAD LABORAL

En relación a mi texto «Conciliación» (10), recibí este mail:

«Joven trabajador de alrededor de 25 años contratado en Barcelona para una empresa de servicios que hace cosas para el último Congreso Mundial de Móviles. Comenzaba a trabajar un domingo a las 20:00 h y terminó el lunes a las 06:00 h. Le piden que vuelva a trabajar a las 12:00 h (sin tiempo para descansar y contraviniendo la normativa laboral: 12 horas entre el final de una jornada y el comienzo de la siguiente). El joven declina por obvias razones de seguridad.

»Resultado: se acabó el contrato».

De nuevo: la crisis ya es historia.

* * *

Este Primero de Mayo se cumplirá el 129 aniversario del inicio de las protestas en demanda de la jornada de ocho horas (en la época no eran inhabituales las de dieciocho) que desembocaron en los sucesos de Haymarket Square, en Chicago, el 4 de mayo. Como consecuencia de los mismos, cinco trabajadores fueron ajusticiados tras un proceso judicial que, tras investigaciones realizadas años después, fue calificado de irregular.

First they took your life
HAYMARKET MARTYRS'
MONUMENT
HAS BEEN DESIGNATED A
NATIONAL HISTORIC LANDMARK
THIS MONUMENT REPRESENTS THE LABOR MOVEMENT'S
STRUGGLE FOR WORKERS' RIGHTS AND POSSESSES NATIONAL
SIGNIFICANCE IN COMMEMORATING THE HISTORY OF
THE UNITED STATES OF AMERICA
1997
NATIONAL PARK SERVICE
UNITED STATES DEPARTMENT OF THE INTERIOR
Now they exploit your memory

(2/3/2015)

ECONOMÍA ACTUAL

Recibo un mail de un conocido:

«Las cosas están yendo mejor. La economía va mejor. Los números son mejores. ¿Qué crees?».

Le respondo:

«No estoy de acuerdo: la economía no va mejor. Ciertas empresas de ciertos subsectores de ciertas zonas..., ciertos profesionales y ciertos subcolectivos de la población ocupada... están yendo mejor, un poco mejor o no van peor. Pero con 1/3 de la población excluida o cuasi excluida; con un empleo crecientemente precarizado (90 % de los contratos realizados son temporales); con unos salarios estancados (el 0,2 % crecieron en el 2014 en términos desestacionalizados); con unas pensiones congeladas; con los empleados públicos perdiendo poder adquisitivo desde hace años; con parte de la población consumiendo a base de desahorro; pienso que la economía no está yendo mejor. Es una economía que está aumentando su PIB de forma sesgada, zonal, quebrada, disfuncional; creando bolsas de exclusión y desempleo estructural. Una economía en la que el PIB aumenta y además sucede eso no va mejor.

»Pienso que nos estamos deslizando hacia un lugar nuevo; mejor dicho, conocido, pero olvidado. En los años veinte se daban unas circunstancias económicas y sociales que hacían que junto a industrias potentes existieran áreas paupérrimas, que junto a fortunas desmesuradas se diera la precariedad, que al lado de un PIB al alza conviviera la marginalidad. Eso está volviendo a suceder: en USA la riqueza controlada por el 1 % de la población más rica es semejante a la que controlaba el 1 % más rico en 1928.

»La economía, pienso, no va mejor. El PIB puede que aumente, pero estamos regresando a los años veinte (y no: no fueron felices)».

(13/3/2015)

35

MEMORIAS DE UN CIUDADANO

Hace unos días recibí un mail de un lector. Es duro porque dice cosas duras de forma dura. A un buen guionista le daría para un film, aunque los de ese tipo ya no están de moda; ¿volverán? Viene a continuación. Mentes sensibles, abstenerse.

«[...] Mis padres originarios de [nombre de una provincia española], concretamente de una zona que por aquel entonces ya vivió su vía crucis particular, emigraron a [nombre de una ciudad española] en los 70 con tres hijos a cuestas y otro en camino, yo. Más tarde vino otro, en total cinco bocas que alimentar. ¿Cómo nos sacaron adelante? Mi madre pudo colarse en una empresa de limpieza, mi padre camionero de los de antes, de los que cuando volvían de viaje a los tres meses siendo yo niño lo encontraba como un desconocido.

»Mi madre no se gastaba ni en el autobús, recorría unos 6 kilómetros a pie de ida y otros tantos de vuelta. Estaban curtidos para eso y mucho más, conocieron el hambre de la pos guerra y los gélidos inviernos, incluso la cárcel en el caso de mi padre por ser hijo de un rojo exiliado en Francia al que por poco los nazis (alemanes) lo quitan de en medio ofreciendo trabajo y cargando gente como borregos en uno de los famosos trenes de la muerte del que escapó tirándose en marcha y esquivando las balas en zig zag de las ametralladoras colocadas sobre el techo de los vagones.

»¿Una bicicleta de niño? eso era un lujo que no se podía permitir, lo mismo que la ropa que heredaba de mi hermano mayor, ¿vacaciones? eso era para los ricos, ¿estudios? digamos que era un poco cazurro, me fue bien hasta el BUP, ahí acabó mi batalla con los libros, desafortunada mente elegí un camino equivocado al no optar por la formación profesional. Mi vida laboral comenzó pronto, a los 15 años en negro pues era ilegal trabajar hasta los 16, luego de aquí para allá, 3 meses aquí, 3 allá. Así hasta la mili que pude compaginar con otro trabajo en negro al cumplirla en mi localidad.

»Los 90 también fueron duros, con veinte y pocos años éramos muchos los que queríamos trabajar y no encontrábamos curro. Al final todo llega y conseguí la ansiada estabilidad laboral, me pude independizar, comprar coche y casa nueva, casarme, tener hijos... tras 20 años de servicio y mil penurias trabajando me llegó la patada este mismo enero de 2015 con 44 años pasando a ser sustituido por más baratos y parciales (de esos que dan subvenciones en la seguridad social para quitar gente de las listas del paro, "pones uno y quitas dos que ganan menos de la mitad").

»Hasta aquí la vida laboral de otro nuevo parado. Aún no me quejo, ya se lo que es vivir sin blanca y tener que buscarse la vida donde sea pero entonces era joven y ahora sé que lo tengo mucho peor por eso de la edad.

»Nuestros padres de mediana edad y mayores vivieron tiempos mucho peores donde ni siquiera la libre expresión estaba permitida. Aun estando la situación como está, estamos mucho mejor que antes, eso sí, antes utilizaban las armas para neutralizar por no decir matar los mismos que disparaban a mi abuelo y ahora utilizan el dinero como arma los mismos y sus secuaces imponiendo medidas absurdas de austeridad a los pueblos mientras trabajamos por menos y pagamos con nuestros impuestos la insensatez de la avaricia de los más ricos: banca, eléctricas, petroleras...

»¿Para esto se dejaron la piel nuestros padres por un futuro mejor? No me extraña que Grecia se plante, lo que me parece absurdo es que no lo haga el resto.

»PD: A mi actual pareja, ex fija, ya la sustituyeron por otros dos a tiempo parcial hace año y medio, se le acaba el paro en verano y sus dos hijos en edad de trabajar tampoco encuentran un miserable salario, son carne de cañón para otro desahucio.

»Esta es la verdadera recuperación económica que nos quieren vender por un puñado de votos para que el sistema siga como está en la Europa gobernada por multinacionales, el rico más rico y el pobre...».

Pienso que no hay nada más que añadir.

(9/4/2015)

CONSULTA

Hace unos días recibí un mail de un alumno de bachillerato. En el mail, una sola consulta.

«Mi nombre es [nombre de quien me escribía], soy un estudiante de bachillerato en [nombre de un centro de enseñanza] y estoy muy interesado en la economía. He visto en su twitter un tweet, a partir del cual me ha surgido la siguiente pregunta: ¿"Que medidas hay que tomar para aumentar la demanda de trabajo? ¿Cuales son las medidas que debería tomar España para aumentar la demanda de trabajo?"».

Mi respuesta:

«El concepto "aumentar la demanda de trabajo" ya está superado porque pertenece al modelo que ha entrado en crisis: al que ha estado activo hasta el 2010. En ese ya antiguo modelo la demanda de trabajo podía incrementase a través de gasto público o a través de la inyección de dinero vía crédito. Al inyectarse dinero aumenta el consumo de todo (la inversión también es un consumo a trozos) y ello genera demanda de trabajo.

»Pero en este nuevo modelo que ya se está dibujando, eso ya no es así. La tecnología productiva y organizativa permite producir lo que se necesita en la cantidad que se necesita, donde se necesita y cuando se necesita, y aumentando la productividad a fin de reducir costes, lo que redunda en una caída en el consumo de factores productivos, lo que incluye el de factor trabajo.

»Es decir, a diferencia de antes en que era necesario incrementar la demanda de trabajo para que se consumiese porque ello era
necesario para crecer, cada vez es menos necesario el factor trabajo
y será con más productividad como se crecerá, pero menos que
antes, aunque de forma mas eficiente (y por ello, ecológica).

»En otras palabras, incrementar la demanda de trabajo ya no
es un objetivo, y, en todo caso, esa demanda de trabajo será según
necesidad: temporal, a tiempo parcial y por obra y servicio, lo que
supone elevados niveles de subempleo y de paro estructural».

Pero la cosa no acaba aquí. A vuelta de correo volvió a escribirme:

«Creo que lo he entendido. Entonces, si lo he entendido bien, la
demanda de trabajo no va a aumentar e incluso puede disminuir...
Por lo tanto, si la oferta de trabajo sigue así, ¿los salarios disminuirán más todavía?».

Respondí:

«En conjunto irá disminuyendo, fundamentalmente en horas de
trabajo, lo que implicará elevadísimos niveles de subempleo.

»Y sí, partiendo de la base de que la demanda de trabajo tiende a
la baja, eso supone que existe un exceso de oferta de trabajo, de ahí
el desempleo estructural. Y también: los salarios medios tenderán a
la baja: las remuneraciones de los trabajadores supernecesarios subirán, pero las del resto descenderán, con el impacto que ello tiene
en la recaudación fiscal y en los ingresos de la Seguridad Social.

»Si te interesa este tema, te sugiero que leas: *El fin del trabajo*,
de Jeremy Rifkin (Ed. Paidós). Es un libro publicado en inglés el
año 1995 que dibuja la tendencia del mundo del trabajo en las
próximas décadas. Imprescindible».

La pregunta tiene miga, y es superlógica.

(17/4/2015)

37

EL MARAVILLOSO EMPLEO

Me lo envió hace unos días un exalumno, de los buenos. Al margen de su licenciatura tiene un máster, habla inglés perfecto, y tiene tres años de experiencia. Leyendo su mail me vienen a la cabeza las palabras de la señora ministra de Trabajo cuando adelantó que las cifras del desempleo registrado de abril serían buenas: «Por tanto, cada día, cada mes, nuestro país alcanza cifras mejores de crecimiento del empleo, y eso tiene mucho que ver con las reformas»: «El turismo consolida la mejora laboral» (11).

El mail de mi exalumno:

«Te escribo en relación a los artículos titulados "Conciliación" (12) y "Flexibilidad Laboral" (13).

»Como en alguna otra ocasión te he comentado, desde Septiembre estoy trabajando en [nombre de una multinacional muy multinacional]. A finales de Abril dejé el equipo de [nombre de una sección] y me he incorporado al equipo de [nombre de otra sección]. El Lunes hizo una semana que me incorporé, y viendo estos dos artículos, creo que puedo darte otro ejemplo extremo de las demandas laborales:

»Ya que el Lunes era mi primer día en el equipo me incorporé a trabajar a las 09:30 h de la mañana, siendo la hora habitual las 09:00 h y mi jornada acabó a las 06:00 h del Martes. Me volví a incorporar a las 11:00 h de la mañana del mismo Martes.

»El Martes mi jornada acabó a las 04:30 h del Miércoles, volviéndome a incorporar a las 10:30 h del mismo Miércoles.

»El Miércoles salí a las 03:00 h del Jueves y me incorporé el Jueves a las 11:30 de la mañana, saliendo el Viernes a las 03:00 h de la mañana.

»A eso hay que sumarle mi jornada de 6 horas del domingo, eso sí, desde casa.

»Normalmente, cuando comento en mis círculos estos horarios la pregunta siempre es la misma: "¿Por qué no cogen a más gente?", a lo que la respuesta es la siguiente: "Cada semana se realizan de 4 a 10 operaciones, y es muy difícil encontrar un perfil que conozca este mercado. No hay gente especializada en este entorno o que lo conozca suficiente. Y, la gente sin experiencia que se contrata, no suele durar más de meses en este trabajo. Cuesta mucho consolidar un equipo con una masa crítica de empleados conocedores del entorno y que no se vayan al cabo de pocas semanas o meses"».

No, mi exalumno no cobra una superpasta, ni se desplaza en un Ferrari. Y ya: hay que adaptarse a lo que sale. Pero esto choca frontalmente con cosas como «conciliación de la vida profesional y familiar», «reparto del tiempo de trabajo», «responsabilidad social corporativa», y tantas otras cosas de las que en su día se hizo bandera y que aún se utilizan cuando conviene.

En mi último libro, *La economía. Una Historia muy personal*, recojo y analizo una frase que Jack Welch, en aquel momento presidente de General Electric, pronunció en el año 2001: «Una compañía que apuesta su futuro en su gente debe prescindir de ese 10 % más bajo y seguir prescindiendo de él cada año para mejorar su nivel de competitividad y liderazgo». Lo que cuenta es la productividad porque la eficiencia se halla en la base del nuevo modelo. Mi exalumno tiene razón: no es productivo aumentar la plantilla: que trabaje más horas o muchas más horas la que ya se tiene; y si hay que pagarle un poco más, pues vale: se le paga; pero que trabaje —excelentemente, claro— las horas que haga falta a fin de «mejorar el nivel de competitividad y liderazgo» de la compañía.

¿Qué está contando la señora ministra de Trabajo cuando dice lo que dice? En su inmensísima mayoría, el empleo que está creando España es temporal y a tiempo parcial, es decir, estacional y precario, de baja productividad, y en consecuencia subremunerado. Al otro lado está gente como mi exalumno: altísima cualificación, elevadísima productividad, excelencia asegurada, pero a cambio de dedicarse al 130 % a la compañía, y no por mucho «porque es joven y está aprendiendo».

Pienso que alguien debería preguntar a la señora ministra de Trabajo por el tipo de empleo que se está creando, por los contratos con los que se está empleando a esas personas, por sus condiciones de trabajo, por la remuneración que perciben, por la cantidad de PIB que generan. Y continúo pensando que alguien debería informarle de las condiciones de trabajo de personas —muy afortunadas porque «tienen trabajo»— como mi exalumno. No por nada, sólo para que lo sepa.

(5/5/2015)

POBLACIÓN POTENCIALMENTE ACTIVA

Hace unos días recibí un mail de un lector:

«Ayer hablaba con un amigo sobre el empleo precario.

»Él es de la "vieja escuela", de los que creen que al buen trabajador nunca le falta trabajo. Es un falso autónomo (camionero). Estuvo un año entero parado, pero pagándose las cuotas de autónomo, seguros del camión, etc. Ya no piensa como al inicio de este párrafo.

»Yo le decía que nadie fríe más filetes de los que se van a comer a mediodía. El trabajo precario viene a ser eso, como lo demuestra esto (independientemente de su carga cruel):

»"El contrato británico de cero horas, ¿flexibilidad que roza la esclavitud?" (14).

»No me suele "gustar" eso que usted tanto repite de que las revoluciones no están de moda. Pero es verdad. La gente tiene algo que perder: ¿la esperanza?».

Mi respuesta:

«Lo había leído. Su amigo, hoy, no tiene razón, en los sesenta y setenta la hubiese tenido. En relación al empleo hay dos cosas de las que, por separado, se habla poquísimo y juntas jamás. Una: la oferta de trabajo medida en horas potencialmente efectivas es muy superior a la demanda. Dos: la tecnología, al ser cada vez más sofisticada, más barata y más fácil de utilizar, reduce la demanda de trabajo. Lo que da la suma de ambas cosas es la necesidad de disponer del trabajo que se necesita durante el tiempo que se necesita, es decir, el contrato de cero horas o la versión alemana: los minijobs, o la española de hace un montón: el contrato por obra y servicio o la versión arcaica: la tría de jornaleros en la plaza del pueblo. Llámese como se quiera, pero la tendencia de tal tipo de "contrato" es creciente debido a la evolución de las dos cosas mencionadas más arriba.

»Una salida a eso sería fijar un precio mínimo por hora trabajada, un precio que permitiese a un trabajador medio que trabajase un número medio de horas una renta suficiente; pero entonces los costes aumentarían y a muchas empresas les saldría a cuenta aumentar su inversión a fin de sustituir factor trabajo por capital, con lo que aumentaría el desempleo.

»Existe un excedente de oferta de trabajo y unas posibilidades tecnológicas que sólo están esperando a que alguien las desarrolle. El crecimiento tecnológico no se va a frenar porque es imposible detener el desarrollo tecnológico ya que es consustancial a la especie humana, luego, o la masa trabajadora pone en marcha la revolución contra el capital, o la miseria será creciente entre una creciente parte de la población, o se instaura la renta básica a fin de evitar la miseria absoluta y mantener el orden público. La primera no está de moda, la segunda no es conveniente, queda la tercera.

»Habría otra posibilidad, claro, que un cataclismo hiciese retroceder a la población mundial al siglo XIV; entonces habría trabajo para todo el mundo, pero la miseria y las carencias serían bíblicas. En consecuencia, y teniendo en cuenta que la evolución tecnológica no se puede detener, es obvio que la tendencia a largo plazo debe ir hacia la planificación del crecimiento demográfico.

»De la desigualdad, ese tema hoy tan de moda, mejor no hablamos».

(19/5/2015)

39

COSAS QUE NO SE ACABAN DE CONTAR SOBRE «EL EMPLEO»

Cuando he llegado esta mañana me he encontrado un mail en mi bandeja de entrada. Este:

«Imagino que conoce la fuente, quizás el artículo, pero resulta tremendamente revelador. Y hay otras entradas muy significativas:
    »"The Big Lie: 5.6 % Unemployment" (15).
    »Por cierto, el Sr. Clifton es el director general de Gallup...».

Mi respuesta ha sido:

«Publicarse se publica en gran medida, pero se desconoce absolutamente y no se hace nada para que se conozca.
    »He colgado en Tw. su link. Yo cada mes cuelgo este:
    »"Table A-15. Alternative measures of labor underutilization" (16)».

Pensaba que la cosa se iba a acabar aquí, pero no. Me ha escrito lo siguiente:

«Y el tan denostado sistema europeo arroja estos resultados en un país en "grave" situación como Francia:
    »"Chômage, la vérité est ailleurs (ou pourquoi les États-Unis ne sont-ils pas en plein emploi ?)" (17).
    »La tasa de empleo (ocupados/población en edad de trabajar) es del 64 % en Francia y del 59 % en EUA!

»El verano pasado estuve en Boston y cené con un amigo que trabaja en [nombre de una compañía] como vicepresidente de investigación. Su hijo también trabaja allí, es un junior con dos años de antigüedad. Durante la cena dieron dos datos relevantes: los jóvenes yuppies ahora tienen que trabajar 6 días por semana y un mínimo de 10 horas al día para simplemente no ser descartados; los trabajadores sin cualificación necesitan para subsistir en una ciudad como Boston dos y hasta tres empleos!».

Mi respuesta:

«Hay dos conceptos que tienden a confundirse: tasa de actividad y tasa de ocupación. La primera recoge la proporción de personas de edad comprendida entre los dieciséis y los sesenta y cinco años que manifiestan que desean trabajar y que buscan trabajo, sobre la población total de entre dieciséis y sesenta y cinco años; la segunda refleja la parte de la población de entre dieciséis y sesenta y cinco años que dice querer trabajar y que busca empleo. La "tasa de empleo", de ser alguna de las dos, debe ser la segunda.

»Esas tasas del 64 % y del 59 % son de actividad (En España también es del 59 %; en Dinamarca, del 67 %). Una baja tasa de actividad es sinónimo de dos cosas: de una cultura que no fomenta el trabajo y/o de la imposibilidad de encontrarlo; además tal tasa tiene una ventaja: da igual que se trabaje en blanco o en negro, lo que cuenta es que se esté ocupado. Lo ideal, claro, es que ambas tasas sean elevadísimas.

»La gran falacia de medir la tasa de desempleo como la población de entre dieciséis y sesenta y cinco años que manifiesta que desea trabajar y que busca trabajo pero que no lo encuentra, sobre la población con edad de entre dieciséis y sesenta y cinco años que manifiesta que desea trabajar y que busca trabajo, reside en que la segunda será elevada si hay demanda de trabajo, si no, pura y simplemente la gente ya no trata de encontrar trabajo y "se busca la vida" a base de chapuzas y subsidios varios, para lo cual esa persona debe registrarse en listas —Desempleo Registrado— que falsean la realidad ya que muchas de esas personas registradas como desempleadas han dejado de buscar trabajo porque no lo hay y se registran sólo para acceder al subsidio.

»Es decir, la manera como debería medirse el desempleo sería sumando la población desempleada y la subempleada por las horas que no puede trabajar porque no hay contratos para ella, y relacionarlo con las horas de trabajo ofertadas por la demanda de trabajo —sea blanca o negra— convertidas en jornadas a tiempo completo equivalente. Eso nos llevaría a que en países como USA y Reino Unido la tasa de desempleo alcanzaría el 12-14 %, en Japón podría llegar al 10-12 % y en España podría ser del 30 %. ¿Puede imaginarse la tasa de desempleo de España con una tasa de actividad como la de Dinamarca y, además, considerando el subempleo, sea blanco o negro?

»Cuando el programa "La Ventana" era conducido por Gemma Nierga, esta invitó en una ocasión al entonces ministro de Trabajo, Celestino Corbacho. Le hicimos distintas preguntas, y entre las que yo le formulé estaba esta: "Señor ministro, ¿por qué en España no se contabiliza el subempleo?". El ministro Corbacho se quedó pensativo unos instantes y contestó: "No lo sé".

»La demanda de trabajo tiende a menos y el subempleo a más, esa es una tendencia imparable que empezó en los años ochenta. Es imposible retornar a una situación de pleno empleo real —no "técnico": ¿una tasa de paro del 5 % es pleno empleo?; pero ¡si la inflación ya ha dejado de ser un problema!— porque la necesidad de trabajo es y será decreciente y la que haya será cada vez más puntual, por ello pienso que se acabará modificando la definición de "Población Activa": será aquella población a partir de dieciséis años que sea necesaria en un momento determinado. Y problema resuelto.

»Lo que cuenta de Boston: en USA, en términos medios, hay seis millones de personas que de forma habitual toman ibuprofeno. Lo hacen para poder soportar las interminables jornadas que tienen que trabajar para poder sumar una cantidad que les permita sobrevivir; algunas de esas personas pueden llegar a tener en un momento determinado hasta seis ocupaciones.

»En una ocasión alguien me dijo que si un problema no se conocía no era un problema. Pues eso».

(Por cierto: ya no existen los yuppies: se los llevó el vendaval que acabó con los bonos basura a finales de los ochenta. Cuando volvieron a finales de los noventa con la burbuja puntocom y con las subprime de los 2000, simplemente eran «la élite de los negocios». El único nexo entre ambos era que cada año se cambiaban el Porsche y que residían en el Upper East Side, en Kensington o enfrente del Parc Monceau).

(27/5/2015)

A DIEZ AÑOS VISTA

Una lectora con la que nos intercambiamos comentarios me remitió, hace unos días, un link —que, de repente, dejó de estar operativo— en el que se reproducía un estudio sobre la sustitución del dinero metálico por el electrónico, algo que, según ese estudio, estaría en vías de implementarse en breve. Acababa su mail con una pregunta: «El que haya sacado el dinero del banco estará bastante fastidiado si esta medida se aprueba... ¿o no?».

Le respondí:

«Sí, pero se dará un tiempo de gracia para volver a ingresarlo. Es una medida perfecta: las corporaciones, no "el gobierno", controlarán los gastos de las ciudadanías, pero el objetivo no es ese sino tener la posibilidad de poder "tomar prestado" lo que se necesite y utilizar los depósitos como aval. Ej.: Deuda Pública total de España: 1,5 B€, depósitos totales: alrededor de 1,3 B€».

Y ella me dijo:

«Entonces habrá personas que prefieran no ingresarlo, de todas formas si eso llega a producirse ¿no crees que el dinero seguiría circulando en algunos sectores ¿???».

Respondí:

«No. No, porque ¿quién se va a fiar de un papel que oficialmente no existe? Lo que sí podría pasar es que si esa medida solo se implanta en la UE, dos compañías de la UE acuerden hacer una operación en dólares metálicos en relación a un negocio realizado fuera de la UE; dentro de la UE, imposible porque no podrían justificar la compra de los materiales y trabajo necesario para elaborar los bienes objeto de negocio; lo que pienso: en muy poco tiempo en el planeta habrá desaparecido el dinero metálico o quedará reducido a países marginales.

»Con todos los pagos e ingresos en dinero electrónico, es decir, trazable desde el origen, si además se cruzan con esa base de datos las bases de la Seguridad Social, IVA o equivalente, IRPF o equivalente, IRS o equivalente, DNI o permisos de conducir, Catastro e IBI y nacimientos, defunciones, matrimonios y registro de la propiedad (algo hoy ya perfectamente posible con la tecnología existente), lo que se tendría es controlado el 99 % de las operaciones que realice el 99 % de la población. Pienso que antes de diez años tenemos implementado algo así.

»Se venderá como algo necesario por seguridad e imprescindible por eficiencia (y es verdad: se ganará en eficiencia); y si lo administra un sistema experto no humano, más aún».

Su respuesta:

«A la vista de este panorama me voy a plantear hacerme campera autosuficiente... aunque también estos estarán en el punto de mira en algún momento».

(29/5/2015)

41

EL MAÑANA DE LAS PENSIONES

Hace unos días recibí un mail:

«Hola, buenas tardes. Perdone mi atrevimiento por enviarle esta email. Soy un asiduo seguidor suyo, lector de sus artículos, libros, twitter y de sus recomendaciones, *The End of Work* de Jeremy Riffkin. Me sorprendió su intervención en el programa 8TV del día 2 de junio cuando afirmó categóricamente que los nacidos a partir de los años sesenta o incluso un poco antes no cobrarán ninguna pensión de jubilación. Pienso que si esto sucediere, se implantaría antes la renta mínima básica o alguna prestación compensatoria ya que la mayoría de los trabajadores no disponen de un suficiente capital ahorrado que les permita sobrevivir en su vejez.

»En mi caso, llevo un año jubilado, me jubilé al cumplir 60 años tras trabajar mis últimos 19 años como funcionario de justicia y después de cotizar más de 37 años, 18 en la empresa privada. Personalmente estoy contento con mi jubilación, mis años de cotización en la empresa privada han mejorado mi pensión de jubilación (de hecho no he sufrido prácticamente ninguna merma con respecto a mis últimas nóminas). De acuerdo con el cálculo que se aplica actualmente a las clases pasivas, a los 60 años y con 35 años cotizados nos podemos jubilar con el 100 % de la base reguladora. Por cierto las clases pasivas son un colectivo a extinguir de acuerdo con la modificación de la ley del año 2011, a partir de esta fecha los funcionarios de carrera de nuevo ingreso quedan integrados en el Régimen General de la Seguridad Social y sus condiciones de jubilación se han modificado.

»Personalmente no tengo grandes problemas, no tengo ningún tipo de deudas, hipoteca o cargas financieras. Volviendo a sus manifestaciones sobre el futuro de las pensiones, me gustaría preguntarle si cree que los actuales pensionistas tenemos algún riesgo de sufrir un recorte de nuestras prestaciones o incluso una supresión. Es decir, ¿pueden peligrar nuestras actuales pensiones? Me gustaría saber su opinión. Siempre es un placer leerle y escucharle. Muchas gracias».

Mi respuesta fue:

«Actualmente, los ingresos por cotizaciones en España se hallan estancados mientras que los gastos de la Seguridad Social crecen linealmente, motivo por el que la SS debe recurrir casi permanentemente a la caja de reserva. En tres años ya se han cogido de tal caja 20 mM por lo que quedan 45 mM. A ese ritmo en 3,5 o 4 años, se acabará la caja, momento en el que, pienso, empezarán los recortes de pensiones de los actuales pensionistas, a la vez que se determinan pensiones equivalentes a la renta básica para los nuevos.

»El actual sistema de pensiones ni es sostenible —es preciso el pleno empleo del factor trabajo—, ni es necesario —la Guerra Fría ya acabó, los votos cada vez son menos importantes porque los gobiernos han de hacer lo que es conveniente a los mercados, y la flexibilidad productiva permite adaptar producciones a consumos—. A la vez que su principal destinatario, la clase media (entendida en sentido muy amplio) se halla en retroceso... porque ya no es necessaria.

»Resumiendo la respuesta a su pregunta: sí en los actuales importes».

Pues eso.

(3/6/2015)

REFLEXIONES A UN NIVEL INTERMEDIO

Me envía un mail un lector. Desempeña sus funciones profesionales a un nivel medio-alto en una compañía multinacional, muy multinacional.

«Ayer fue comunicado formalmente el expediente de despido.

»A tenor de las circunstancias, se me ocurren varias reflexiones. Hemos llegado a este punto en gran medida por la deficiente gestión de la alta dirección, donde decisiones como [nombre de un proyecto concreto], ir a ciertos proyectos a los que no se debería haber ido, gestión deficiente, ingeniería contable que todo lo arregla, etc., han provocado un deterioro tan salvaje de la posición de caja, que seguramente no queda otra opción que realizar ajustes, entre ellos los de plantilla... ahora bien, la pregunta es: si la alta dirección tiene las máximas responsabilidades y cobran los bonus que cobran por esas responsabilidades, ¿por qué no ha caído ningún director general cuando está claro que ellos son los primeros y máximos responsables de la situación?

»Por otro lado, ¿Por qué se ha mirado hacia otro lado cuando sabía lo que estaba pasando? ¿Por qué los accionistas relevantes que tienen una silla en el consejo miraban hacia otro lado?

»Te voy a decir lo que yo creo que ha pasado, que pasa y que no solo pasa en [nombre de la compañía a la que se estaba refiriendo], sino que pasa en más empresas:

»1. Somos compañías demasiado Verticales, lo que significa

que los de abajo y del medio nos encargamos de ejecutar lo que dicen los de arriba y además no se puede "aportar" nada, porque arriba es como si tuvieran una clarividencia única.

»2. Triunfa la Mediocracia: No triunfan los mejores, triunfan los mediocres más bien conectados y los mediocres se rodean de más mediocres porque ven a los profesionales mejor capacitados como una amenaza y no como una oportunidad...

»3. Pérdida de Rigor: No existe el rigor en la gestión y en la dirección, se ha perdido, lo que provoca que los análisis de costes, de flujo de caja, de riesgos, etc., son "mejorados artificialmente", rebajando sobretodo la evaluación del impacto de los riesgos.

»4. Cultura de la directriz sin acción: Si soy consejero delegado y digo que los más importante es facturar y cobrar, mientras lo diga muchas veces y si puede ser muy cabreado, se va a hacer... olvidamos que para que se produzcan cosas hay que ejecutar acciones, no solo decir.

»5. Cultura Española: Todo lo anterior se resume en una "cultura española" donde no se busca el lograr el objetivo común, sino en lograr "mi objetivo" y si puede lograrlo diciendo que el de mi lado lo hace peor que yo, mejor para mí... y si no llego al objetivo maquillo los datos, escondo cosas debajo de la alfombra, convenzo a auditores... ya sabes, cultura de listillos.

»En fin, o hay un cambio real en el "liderazgo", algo inexistente hoy en día en la alta dirección, o empresas de "alto potencial" dejarán de tener sentido en un futuro muy próximo».

Es para meditar, ¿verdad? Aunque sólo estuviese acertado en el 50%.

(27/6/2015)

43

FINLANDIA

Dudé entre bautizar este texto como lo he hecho o como «Renta básica», ya que va de ambas cosas. Opté por el que he usado para darle un toque de exotismo.

Hace unos días recibí un mail de un lector que empezaba con la referencia a un artículo de prensa:

«"Finlandia, ¿primer país europeo en aplicar la Renta Básica Universal?" (18).

»Una de las polémicas que menos se trata, lo que no es decir que no aparezca, es quien tendría derecho a la Renta Básica: ¿los inmigrantes también tendrían derecho a ella?, en caso de que si ¿no provocaría eso un *efecto llamada* incluso entre los españoles, por poner un caso?

»En Finlandia (como en cada vez en más países centroeuropeos y nórdicos) un partido xenófobo, Verdaderos Finlandeses, es la segunda fuerza política. Una estudiante de informática de [nombre de una zona española] estuvo allí acabando sus estudios. Decía que son muy racistas (para mí el racismo son prejuicios y la xenofobia tiene más de economía). Ella es guapa y rubia. Lo que no es baladí».

Mi respuesta:

«Sí. En principio el tronco de la idea iría por ahí a falta de definir la cantidad. Entiendo que los inmigrantes que en su día solicitaron la ciudadanía y les fue concedida sí deberían tener derecho a la RB, el resto no porque también entiendo que el permiso de residencia debe estar vinculado a un contrato de trabajo, como sucede, sin ir más lejos, en Andorra.

»Pienso que el que el gobierno finés sea de centro-derecha es anecdótico, lo importante es dónde se aplica: un país pequeño, con un nivel muy reducido de población, sin significativos problemas de inmigración, con una alta productividad pero con una tendencia a un desempleo estructural considerable que de vez en cuando rebrota; es decir, un país ideal para realizar un experimento. (Otro experimento segmentado por población se va a realizar en la ciudad de Utrecht).

»620 euros para Finlandia es una cantidad totalmente insuficiente: 625 sería en España para los mayores de edad a fin de eliminar la pobreza. Alrededor de 1.000 pienso que sería la cantidad apropiada en Finlandia teniendo en cuenta el poder de compra del país.

»Yo he estado en Finlandia, es cierto que fue hace algunos años, pero no percibí sensación alguna de racismo, al revés: son gente extraordinariamente educada (puede que sea porque sus ancestros tuvieron una vida muy dura y una Historia bastante triste). No entiendo el comentario de esa estudiante siendo, además, rubia y guapa, ya que no desentonaría entre la población autóctona».

(Posteriormente me aclaró que lo de «rubia y guapa» lo había apuntado para incidir en el hecho de que no desentonaba en el entorno.)

Insisto en la idea de experimento y en la de sustitución: la RB será para todos, pero sustituirá y absorberá cosas, y bastantes no van a ganar; pero garantizará una situación.

(10/7/2015)

44

MARGEN NETO

Ya les he comentado que conozco a una de las personas que más saben en Europa sobre el mundo del automóvil. Hace unos días me envió una noticia cuyo título no puede ser más revelador: «La promoción media en los concesionarios se sitúa en los 4.361 euros en el primer semestre» (19).

Yo le respondí:

«Los concesionarios. ¿Cuál debe ser ahora en coches, no en recambios, el margen neto medio de la venta de un teórico modelo medio de automóvil?».

Y él me respondió esto:

«Desde finales de los 80, el margen neto de venta de los coches es negativo. Cuando el margen neto de la "actividad de vender coches" de los concesionarios era positivo era sobre todo por la prescripción de créditos, seguros... Lo terrible es que desde hace 5 años los fabricantes intentan por todos los medios quedarse con este margen (se ofrece al cliente un descuento adicional si financia/asegura el coche con la financiera de marca).

»Por ejemplo, un coche "vale" 25.000 €, el descuento promocional 2.000, si financias con la financiera de marca son 2.000 más, participación del PREVER por parte del concesionario 1.000 más...

»Sé de casos fehacientes en que se ha llegado a compensar al cliente la diferencia de descuento adicional porque salía más a cuenta prescribir un crédito con una entidad bancaria; imagínate el margen que suponía la financiación.

»Supongo que el margen neto para la mayoría de concesionarios generalistas españoles sigue siendo negativo (poco negativo, pero negativo).

»Hace poco hablé con un gerente de (nombre de un grupo que tiene varios concesionarios de varias marcas)... Siguen perdiendo dinero en los concesionarios generalistas y se aguantan con las marcas Premium.

»En EE. UU. (que nos llevan siglos de ventaja en esto de vender coches) la parte de F&I (finance and insurance) es básica para los concesionarios (y no se lo han dejado quitar por los fabricantes). Además en EE. UU. es común vender "over sticker" (vender por encima del MSRP, el manufacturer's sugested retail price) si se trata de modelos con alta demanda (sobre todo furgonetas, deportivos...).

»Les pasaba a los vendedores una película *Dinero fácil* (*Suckers*, 2001), que es una comedia bastante mala sobre el mundo de la venta de coches) para que entendieran la importancia de F&I... pero en Europa cuesta que los concesionarios (y más entre los equipos de ventas) lo entiendan, por eso a los fabricantes les ha sido tan fácil arrebatarles este margen».

Una opinión, un supuesto, pero para meditar, ¿verdad?

(21/7/2015)

AMERICAN WAY OF LIFE

Hace unos días recibí un mail de un lector de origen español pero residente en USA:

«Quería comentar (si puedes/quieres) tu articulo "USA: Productividad e ingresos familiares" (20).

»Lo estaba leyendo mientras comía y el penúltimo párrafo me ha resultado muy familiar porque es tema que siempre comento con mis amigos aquí (Houston, TX).

»Como dices, USA es una economía con un consumismo impresionante, masivo y a todos los niveles. En esto se basa la mayoría de su tejido industrial y es algo que debe haber sido así tanto tiempo que se ha convertido en parte de su cultura. Todo es enorme. Cuando describo USA, o por lo menos mi percepción de ella, siempre digo que es fácilmente resumible en la palabra "abundancia". Y les encanta. Texas, aparte de ser el centro del Oil & Gas, tiene una cultura bastante distinta al resto de USA. Tal y como dicen ellos: "Everything is bigger in Texas". Houston es una ciudad enorme y crece a un ritmo tal que ni siquiera pueden construir carreteras suficientes. Ahora mismo están construyendo un tercer anillo (de unos 5 carriles por sentido) a 30 millas de Downtown, y entre medio hay otros 3 anillos a la ciudad.

»Me he ido un poco del asunto, quería comentar la deuda privada en USA y su consumismo.

»Personalmente creo que es algo que ya forma parte de su cultura. Yo tengo mis raíces, valores y costumbres y me choca mucho ver los hábitos de consumo de esta gente. Aquí todos los Mercedes de la serie S son S55 AMG. Todos los Porsche son Porsche Panamera Turbo S "Mega-Ultra-Plus" y seguimos... También hay que decir que los salarios son muy altos aquí, pero, todo está comprado a crédito. Y ni hablemos de las casas. Varios $M por casa y un exceso de espacio espectacular. Cuantas más habitaciones, mejor. Y mi pregunta siempre es; ¿para qué? Cuando compré mi coche, que fueron $23k, el comercial del concesionario no entendía porque lo pagaba a "toca teja". Estaba obsesionado (y me hacía descuento) con que me hiciese un crédito con su agente financiero en Ford. No entiendo por qué prefería que le pagase $24.5k a 3 años que $23k ese mismo día... trabajo en Credit Risk Management y aunque no lo sé todo, entiendo que el pago a plazos contiene un riesgo innegable de default.

»Este ejemplo de los créditos es aplicable a todo; móviles, ropa, comida, televisores, accesorios. Tarjeta de crédito para todo. Y financiación al 0 % a 36 meses (o eso dicen).

»Mi pregunta es: "¿Hay un límite a esto?".

»Yo creo que culturalmente los americanos no pueden (a no ser que sea obligado; por ejemplo en caso de guerra) vivir con una cierta austeridad, o digamos simplemente de forma sostenible. En el siguiente grafico se ve la proporción de deuda pública/privada y es una pasada:

»"Deuda de Estados Unidos llega a 60 billones de dólares y se duplica en 12 años" (21).

»Han basado su felicidad y bienestar a un consumo permanente y personalmente opino que así se pierde parte de nuestra esencia "humana y social". Por ejemplo, el otro día fui a un cine donde directamente te sirven comida... me parece excesivo. Lo mejor es como lo anuncian en la radio: "Studio Movie Grill [...] Eat. Drink. Movies." Totalmente imperativo, como si entre líneas te dijeran: "Tienes películas, bebidas y comida. Que más quieres?" Tengo bastantes problemas en este asunto con mi novia, que es native Texan, y a veces no entiende que este consumismo constante me satura y parece ridículo».

Mi respuesta:

«Sí, evidentemente tiene límite: el tiempo que tarde el resto del mundo en dejar de comprar toda la deuda que a USA le convenga emitir y en dejar de aceptar todos los dólares que a USA le sea conveniente imprimir. En el momento en que eso suceda, adiós. Desde el final de la II GM, USA ha vivido de prestado: es la única economía del planeta que sabía que su deuda y su moneda iban a ser aceptadas siempre, en cualquier lugar y en toda circunstancia por el resto del mundo. Cierto: el resto del mundo lo aceptó, pero porque USA iba absorbiendo los excedentes que el resto del mundo generaba. Lo que sucede es que hoy la deuda total de USA ha alcanzado una dimensión impagable y en el resto del mundo —y en USA— existe un exceso de capacidad productiva. ¿La evolución de esto? Pienso que USA va a tener problemas de confianza y derivados de lo que pueda suceder en el resto del mundo: lo que está sucediendo en China es un aviso.

»Lo que comentas de la dimensión de las cosas en USA... pienso que se halla vinculado al origen de la sociedad USA: personas, en su inmensa mayoría pobres, que huían de la represión religiosa en Inglaterra, personas pobre que escapaban de la miseria en Europa y en China, personas pobres que carecían de todo. Durante décadas se dedicaron a esquilmar el territorio (lo que sucedió es que eran pocos, y el territorio, extenso), a asesinar a los aborígenes y a meterlos en reservas, y a acabar con bisontes y otra fauna a fin de obtener comida y para favorecer la expansión del ganado, del ferrocarril y de las ciudades. Cuando los descendientes de esas personas alcanzaron una capacidad de fabricación y de consumo suficiente... inventaron en king size de todo porque se lo pedían sus genes y porque big is beautiful. Y para apoyar esa continuidad inventaron la venta-a-crédito: las primeras operaciones se produjeron a finales del siglo XIX».

Para meditar, ¿verdad?

(24/7/2015)

46

REFLEXIONES 15

Ya les he hablado de una lectora brasileña que reside en Brasil y que, de vez en cuando, me envía mails. Recientemente recibí este (como siempre, no he alterado ni una coma):

«Acompaño em directo tus artículos. Estupendos los de Grécia. Los he compartido todos aqui es Brasil, donde la información sobre la crisis Grega y sus implicaciones en la zona el Euro llega muy superficial.

»Outro de los temas que acompanho es cuándo usted habla sobre la perspectiva de desaparecimento de las monedas en papel y del sistema totalmente controlado eletronicamente.

»Estoy de acuerdo que tiene lógica que esto pasará y que además permitirá control total sobre el fraude, etcétera...

»Sin embargo, comparto a continuación un texto que aborda el mismo tema pero com outra perspectiva

»"3rd Industrial Revolution: in 10 years, the cumbersome great banks will have disappeared" (22).

»Em esta crisis sistêmica que vivimos y com toda la tecnologia, la posición de estos es que el actual sistema bancário de certa forma está amenazado. Crisis + tecnologia possibilitaria un renascimento de nuevas formas de comercio, financiamentos y trueque.

»Em resumen, que también unos de los pilares de nuestro sistema, el sistema bancário, tiene su futuro incierto.

»De mi parte me gostaria compartir otra idea totalmente mía, gente de la calle: de verdad no compreendo porque seguimos com un sistema que persigue los mismos objetivos de crecimiento que hace 200 años.

»Para mí, en esta sociedade pos-global como bien escribe usted, en un mundo com 7 mil millones de personas, con tecnologia pero sin trabajo, ya no tiene porque seguir crescendo economicamente dentro de las mismas medidas.

»Por mí, uno de los problemas que tenemos es seguir teniendo que enseñar crecimiento de PIB, de lucro, todo esto liderado por grandes corporaciones sin dueños, sin responsables. Todo es difuso, son los mercados. Ejecutivos de corporaciones y bancos pueden hasta ser parcialmente responsabilizados por consecuencias de sus decisiones, pero sabemos que gran parte de los mega problemas actuales al final no son culpa de nadie, no pueden ser responsabilizados. Para mí, uno de los problemas? Pues... Las empresas de capital abierto y la persona jurídica.

»Para mí, yo cerraria todo esto. Hay que tener RESPONSABLES. Sí cualquier uno de nosostros tiene RIESGOS REALES de ser culpable por malas decisiones, gestiones, falta de ética, etc, etc, etc que en médio e largo plazo perjudiquen la sociedad de forma amplia, te lo asseguro, muchas decisiones seran bastante mejor pensadas.

»Para mí el objetivo CRECER bajo los mismos critérios de hace 200 años ya no puede ser un objetivo. Hay que cambiar los critérios; No más sociedades anónimas, no más personas jurídicas. No más TBTF, too big too fail.

»El mundo RESPONSABLE, el mundo que va crecer de outra manera, com otra velocidad, otras maneras de funding o financiación. Con responsabilidade DIRECTA por su actuación. No sé si consigues tener idea de lo que digo... Para mí, hace tooooodo sentido.

»Sou química de formación y visualizo esto como si fueramos un sistema encerrado y llegamos al punto de saturación; Vivimos en el siglo XX una fase sistémica de crecimento exponential que lleva naturalmente al agotamiento. La fase siguiente es la fase estacionaria. El sistema simplemente NO puede seguir creciendo de la misma manera, si lo hace simplemente colapsa, se agota, se destrue. Em la fase estacionaria el objetivo es el MANTENIMIENTO, es el equilíbrio. Si se consegue equilibrar esta fase el sistema sigue estable, sin crecimiento pero vivo por un largo tempo (se lo hace de forma artificial com culturas de microrganismos). Si no se hace nada el sistema naturalmente va entrar en declínio y colapsar.

»Enfim... me gusta pensar en la visión del articulo que comparto. Que la tecnologia pudiera ayudar a romper con un sistema que ya no corresponde a la realidad de nuestra espécie animal.

»Seguir como vamos, con la tecnologia simplemente en la direción de concentrar poder en los pilares de un sistema de 200 años que ya no aporta soluciones a nuestros desafios me parece SUICIDIO».

Mi respuesta:

«Bill Gates dijo en el 2000, refiriéndose al futuro: "Los servicios bancarios seguirán siendo necesarios, los bancos, no". Pienso que los bancos, tal y como los conocemos, van a desaparecer. Habrás leído que Barclays va a despedir a 30.000 empleados y hay rumores de despidos masivos en todos los bancos a medida que se automaticen más y más. Por otra parte la llamada "financiación alternativa" desarrollada por empresas —en Alemania, Siemens tiene licencia bancaria— abre un mundo de posibilidades de colaboración entre una corporación y sus clientes y proveedores; a eso añade el crowfunding, el crowlending, los mini-bonds...

»Lo del crecimiento. Sí, efectivamente: es imposible seguir creciendo como hace doscientos años porque ni el estado del sistema económico es hoy como era en 1815, ni lo es el del modelo que lo operativiza, ni son ciertos los supuestos de recursos inagotables o sea que sí: esa concepción ha de cambiar, y de hecho está cambiando: hoy el objetivo ya no es ir-a-más, sino ir-a-lo-que-convenga, algo que la tecnología posibilita; lo que sucede es que la persona humana tiene una serie de necesidades que se han de cubrir, por lo que este cambio de modo de funcionar debe llevar aparejado modos compensatorios como una renta básica. Otra cosa es que se vaya hacia ahí por convencimiento».

También para meditar.

(24/7/2015)

47

NORUEGA HOY

Ya les he hablado de una amiga que, desde hace años, reside y trabaja en Noruega. Hoy le he enviado un texto, este: «La riquísima Noruega sufre por el petróleo barato» (23), preguntándole hasta qué punto en la calle se percibe esta situación. Un par de horas después me ha dicho esto:

«Hola, pues sí y no. Me explico:

»Lo que dice el artículo es cierto. El bajo precio del petróleo está afectando la economia Noruega y esto se percibe en la calle porque la mayoría de empresas han hecho reajustes de todo tipo. Las relacionadas con el sector "Offshore" han reducido personal significativamente. Y las que no están directamente relacionadas con la industria del petróleo pero, de algún modo, se ven afectadas indirectamente por la tendencia general, han tenido que reducir capacidad productiva y, consecuentemente, también han reducido personal. Esto, efectivamente, ha hecho que el nivel de paro haya aumentado. Lo que desconozco es si estamos hablando de un 4 % o de un 3,5 %, para serte sincera.

»Lo que no es cierto, (o al menos yo no lo he vivido así), es que esto se perciba como un auténtico drama en la calle, tal y como dice el artículo. Más bien al contrario. La gente está "ocupada" con la situación económica en general, pero no "preocupada". Todo el mundo sabe que la economía mundial en general (y la Noruega, en particular) está atravesando momentos difíciles, pero nadie está desesperado, afortunadamente. En primer lugar porque todos saben que el estado del bienestar noruego les va a respaldar hasta que encuentren un nuevo trabajo (además, en este país el banco no puede desahuciarte en caso de que no puedas pagar por haberte quedado en el paro. Y menos si hay menores viviendo en la casa). Y también saben que todo el mundo encuentra un nuevo trabajo en cuestión de meses. Ese 4 % de desempleo ha aumentando básicamente entre los inmigrantes no cualificados o con una formación muy básica (en general, procedentes de los países bálticos y del este de Europa). Probablemente también entre los refugiados procedentes de países africanos o del oriente medio. Éstos últimos son un colectivo significativo, también, aquí en Noruega.

»Lo que a mi más me sorprende es que a alguien les sorprenda que en Noruega también se estén notando los efectos de la crisis. Esto es algo totalmente lógico para cualquiera que mínimamente entienda lo que una crisis sistémica significa, en realidad. Podemos decir que aquí los beneficios se han reducido pero todavía no se ha entrado en "perdidas" generalizadas. Hay que "apretarse el cinturón en época de vacas flacas" y esto es algo que el noruego medio entiende perfectamente. Como ya te he comentado en alguna otra ocasión, el noruego medio es un individuo poco dado a la ostentación y al snobismo exagerado. En general, han mantenido la cabeza fría y los pies en la tierra (su consciencia y tradición social está muy desarrollada) y no han olvidado la época en la que el paro en Noruega (antes del petróleo) también había alcanzado los dos dígitos».

(24/8/2015)

48

NO, NO FUERON

No, esto no es un mail.

No fueron las subprime, ni Bear Stearns, ni Lehman, ni Northern Rock. Tampoco fueron los planes E, ni el 5 de mayo del 2010. Ni lo ha sido el petróleo, ni Brasil, ni China, ni las sanciones a Rusia, ni esa situación de sempiterna semideflación de Japón, ni las commodities, ni mucho menos Grecia, ni los bancos; ni las Bolsas. Y por descontado no han sido las anfetas, los rescates, ni las compras masivas de deuda.

Pienso que no se entiende, o que se entiende muy bien pero se está explicando otra cosa, que nos hallamos en el centro de una crisis sistémica: sis-té-mi-ca, lo que significa que el modelo que estuvimos usando desde los cincuenta colapsó porque se agotó, lo que empezó a manifestarse en el 2007 e hizo crash en el 2010. Como en el 29, sí, como en el 29.

Todo lo que han leído en el primer párrafo es parte de lo mismo. Es una plastilina que se enrolla y se combina consigo misma en un constante proceso de amalgamamiento. En la economía postglobal en la que nos hallamos inmersos desde principios de los noventa todo está vinculado con todo e interpenetrado por todo, por lo que todo influye en todo y se halla influido por todo; en consecuencia no tiene sentido hablar de algo sin hacer referencia a todo lo demás. ¿El submodelo chino se ha agotado?, claro porque todo-lo-otro ya no da más de sí, y cuanto peor vaya lo demás, peor irá China. Y así con todo.

Y lo que se está diciendo es que China es una cosa, las bolsas, otra, Latinoamérica por aquí, los bancos por allá...; ¿por qué? Pues porque hay que evitar pánicos y preguntas, y la gente tiene que votar en paz, y estar tranquila, y ver los deportes por la tele y gritar a los árbitros, pero no a quienes no hacen lo que saben que habría que hacer ni a los políticos de palabras huecas.

¿Qué habría que hacer?: 1) Realizar compensaciones y quitas de deuda: el mundo se debe a sí mismo 200 B $: es absurdo imaginar siquiera que eso pueda pagarse. 2) Reconstruir el sistema financiero del planeta: estimaciones apuntan que en el mundo hay dando vueltas 3 mB $ en futuros y derivados; aunque sólo sea la mitad, es una cifra ridícula. 3) Contabilizar los activos de los bancos y compañías de seguros por su valor real. 4) Rediseñar el sistema fiscal a nivel planetario y homologarlo, basando la imposición en el gasto según tipo de producto con tipos negativos. 5) Instaurar una renta básica mundial. 6) Dar verdadero protagonismo a los técnicos. 7) Eliminar intermediarios que no generan ni añaden valor. Eso de entrada.

¿Por qué habría que empezar? Por la deuda y la renta básica.

Y por favor, antes de creer lo que se dice, lo que dicen, medítenlo, analícenlo y contrástenlo muy bien. Y sí: lo que yo digo, también.

(25/8/2015)

49

COMENTARIOS

Hace unos días publiqué en Twitter este link: «Esta fábrica es el terror de los agricultores: cultivará medio millón de lechugas al día de forma automática» (24), y una lectora me remitió un mail con el siguiente comentario:

«¿Qué vamos a hacer con la gente? Y ¿quién va a comer tantas lechugas? ¿Les daremos de comer como a los pollos, en jaulas?».

Le respondí:

«Es que... ya hay un exceso de población, que aumentará. Y no, no van a sobrar lechugas: con ese método de "cultivo" se pueden programar al milímetro las necesidades de lechugas (y de lo que sea). Luego estarán las otras lechugas: las-de-la-huerta: a millón la unidad; pero cualquiera no podrá cultivar lechugas porque la producción de esas lechugas "normales" estará regulada a fin de no desperdiciar recursos y de que su precio no se hunda. Cuando ese momento llegue, hasta es posible que una marca que se dedique al lujo entre en el mundo de las lechugas».

Me respondió:

«No sé cómo encaja un mundo muy regulado de alta tecnología y el "otro", esa masa poblacional que no será "útil" en el mundo anterior...».

Le dije:

«Jeremy Rifkin ha estimado que en algún momento de este siglo tan sólo será necesario el 5 % de la población mundial para generar el 100 % del PIB del planeta. Esto quiere decir que, o bien se programa el crecimiento demográfico y se implanta la renta básica, o va a haber un 95 % de miserables dispuestos a todo. En cualquier caso ya nadie niega que la desigualdad va a ir a más. Con el copago sanitario y los recortes de pensiones no se "resolverá" el problema de exceso de población activa porque los ancianos no producen y quienes no podrán pagar el copago ya están parados o subempleados. Por hablar de España, el FMI ya habla de un paro estructural en del 18 % y acabamos de saber que los ingresos de la Seguridad Social son más insuficientes de lo que eran. Hace un siglo se hubiese montado una guerra mundial, pero hoy esa vía es imposible: no habría ni vencedores ni vencidos».

Y recordé aquella frase de un líder agrícola USA de los años treinta que recojo en mi último libro: "Ya no estamos haciendo crecer el trigo, lo fabricamos. [...] No somos labradores, ni tan siquiera somos granjeros. Fabricamos un producto para ser vendido". Entonces fue el algodón, hoy son las lechugas.

Y eso que aún no había publicado en Twitter esto: «Así son los robots que nos acompañarán en casa: hablan, bailan y reconocen nuestras emociones» (25).

(3/8/2015)

50

EL DÍA A DÍA

Me escribe un amigo desde un lugar de España:

«Otra vez dicen lo de "España va bien..." pero esta vez pocos nos lo creemos (para pocos va mejor que en el 2010).

»Hace unos días hablaba con un amigo que tiene una constructora familiar (en los buenos tiempos hacían una promoción, la vendían, compraban otro terreno... otra promoción... sin créditos... sin locuras... sin pelotazo). Ellos han sobrevivido reduciendo personal, haciendo mantenimientos, reformas... y me comentaba una cosa significativa: hay gente que se dedicaba a la construcción que se ha quedado descolgada y no volverá al mercado: deben mucho dinero y nadie les vende material a crédito, nadie quiere trabajar con ellos "en blanco"... y ellos tampoco pueden trabajar en blanco porque la seguridad social, hacienda... se les comería lo poco que facturan.

»Esta gente "descolgada" tiene poca actividad y no paga impuestos... ¿Habrá quitas de deuda con la seguridad social/hacienda para recuperar a esta gente?

»Esta semana fui a comprar una carretilla de obra (para usar en el jardín) a [nombre de una tienda de bricolaje] y se sorprendieron de que pagara con tarjeta (en la zona de construcción, no la de "particulares"). (En el parking pueden verse numerosas furgonetas sin rotular en las que son cargados materiales y herramientas que antes han sido pagados, la inmensa mayoría, en efectivo...).

»Así es como una parte de España está yendo: por debajo de la mesa; lo que afecta a la recaudación, a los ingresos de la Seguridad Social, a las condiciones de trabajo, a la precariedad. ¿Por qué no se persigue a fondo esa forma de hacer las cosas?, pues porque, pienso, en números casos o es así o no es.

»¿Vuelve a ir España bien? ¡Por favor!».

(27/8/2015)

51

VARIOS APUNTES

A lo largo de estos días pasados un lector me envió un par de mails.

Uno era este y comenzaba con la referencia a un artículo de prensa:

«"El granjero que creó un tractor robot aprendió programación con un curso online gratuito" (26).

»Cada vez que voy a una sucursal bancaria, que cojo gasolina o que paso por la cajera de un supermercado pienso cuanto tiempo les quedan a los trabajadores humanos presenciales.

»Según el artículo que su amiga brasileña le remitió, a los bancarios unos diez años. Mi pregunta: "¿Puede ser que, por así decirlo, se esté ralentizando la robotización e informatización de muchos puestos de trabajo 'por motivos más humanitarios que económicos?'".

»Viene a haber, que yo sepa, dos antecedentes de eso. China, con Mao, frenó la mecanización del campo para no "liberar" una gran masa laboral que no iba a tener alternativa fácil. Rusia, con Yeltsin (lo dice Robert Service) en los noventa subvencionó a las empresas que mantuvieran plantilla pese a la caída de pedidos».

Mi respuesta:

«Pienso que hay tecnología que no se está utilizando: es mantenida en la nevera esperando el momento, pero no creo que haya tecnología ya operativa y ahorradora de costes que esté siendo mantenida en un cajón para salvar factor trabajo ocupado. Los ejemplos que usted cita sucedieron ambos en países de economía planificada en los que el subempleo era asumido a cambio de un desempleo cero, y en unos momentos en los que la tecnología alcanzaba hasta donde alcanzaba. Hoy cada vez prima más la eficiencia y la productividad, y así, pienso, van a continuar las cosas».

Otro, este:

«Hace 20 años hice un cursillo (una mísera semana) con [nombre de una compañía de seguros] para vender Planes de Pensiones. Los candidatos éramos de lo más variado: un mecánico, recién licenciados universitarios, dos médicos, un barman arruinado, un profesor y el resto otros trabajadores con problemas. Pero lo más interesante era lo que nos decían:

»1- Nunca des cifras concretas (sobre todo si preguntan por rentabilidades). Divaga.

»2- La gente compra Planes de Pensiones como quien compra pantalones: más por impulso emocional que racional.

»3- Querer es poder, si no vendes es porque no lo intentas con toda la fuerza debida (como colofón del cursillo nos ponían un vídeo de un pastor evangélico de los USA).

»Más de la mitad nos fuimos. A los pocos meses un amigo, licenciado en Derecho, intentó venderme un Plan de Pensiones».

Mi respuesta:

«No les dijeron lo principal: un buen vendedor no se hace: nace.

»Fíjese en que lo que me dice hubiese sido perfectamente aplicable a las preferentes».

Supongo que aquellos vendedores ocasionales de enciclopedias —¿se acuerdan de aquellos libros (no menos de diez) con lomos iguales que había en un estante del salón de bastantes casas?— les dirían en los cursillos de formación cosas parecidas.

También para meditar.

(28/8/2015)

52

ESTRELLAS EN EL FIRMAMENTO

Hace unos días recibí este mail de un lector.

«Soy arquitecto superior con más de 15 años de experiencia en mi campo trabajando como profesional liberal. Después de terminar la carrera de Arquitectura, en esa época se consideraba de las más duras (6 años de carrera y proyecto final de carrera) esperaba tener un futuro profesional bueno. Por este motivo puse mi propio despacho profesional.

»Me costó empezar desde cero pero eran tiempos buenos y la construcción era un filón de oro. Aparte de las obras también trabajaba para empresas tasadoras homologadas, era el boom de las hipotecas y me lo cogí como una actividad complementaria.

»La construcción ya no es lo que era, ni lo volverá a ser. Las obras se han terminado y ahora sólo me queda el trabajo para las tasadoras. Los honorarios han pasado de 100-120 euros por informe en el 2006 a 30 euros en la actualidad. Las tasaciones incluyen: desplazamiento, toma de datos, dibujo del inmueble, redacción del informe, comprobación de la normativa urbanística y en su caso consulta al técnico correspondiente. Y debe realizarse en menos de 2 días sino los honorarios son 0 euros.

»Al hablar con el gerente de la empresa tasadora para quejarme de los honorarios me dijo: "Si no te gusta te vas; hay más técnicos que estrellas en el firmamento"».

Demoledor, ¿no? ¿Qué es lo siguiente?

(4/9/2015)

53

SANIDAD (EN ALEMANIA)

Recibo un mail de un lector. Me dice:

«[...] En Alemania, no sé si lo sabe, es un continuo torrente de información lo que los seguros de cada uno envían por correspondencia a casa. Es imposible dejar de leer nada, porque normalmente los avisos contienen información esencial.

»Hace alrededor de 4 años se promulgó una ley en Alemania por el que se abanderaba el derecho a la sanidad. Cuando se habla de esto en España se nos cae la baba y tendemos a decir "Estos sí que saben hacer las cosas, ¡los servicios que dan son excelentes!" y pensamos que todo va a coste cero.

»Esta ley reguló que los seguros mínimos obligatorios (aunque se llamen "freiwillig", que significa "voluntario") están regidos por, si no me equivoco, dos empresas (públicas): TK Versicherung y el DAK Versicherung. Cada uno ve los panfletos que te entregan al llegar a una empresa y elige con cual se queda antes de notificárselo al empleador (parte de tu nómina irá a parar a ese seguro). Se diferencian en muy poco. Como mucho, una de ellas puede ofrecer dos limpiezas bucales al año y la otra una pero una revisión oftalmológica, por ejemplo.

»En primer lugar, como estudiante universitario (bachelor o master) he estado sujeto al canon minimo deducible: trabajes paralelamente o no, mientras estudias, se pagan 80 €/mes (cantidad que va subiendo cada año, en 2013 eran 75 €). Recuerdo que esto es SEGURIDAD SOCIAL.

»Como le decía, ayer recopilé las cartas. Dos avisos. Uno advirtiéndome de que a partir del 1 Septiembre en su sistema aparecía como que acababa mi master y que la cantidad si seguía la educación en esa universidad se incrementaría a los 130 €. En el segundo aviso, llegado 10 dias después al no haber contestado, meten presión diciendo que de no responder darán por entendido que cobro una renta a partir de septiembre de 4.300 € de la que deducirme la cuota pertinente.

»Llamo y apunto que mi plan es irme, de hecho algunas semanas a casa, a España. Y que si acaso volver a finales de octubre. Que qué debo hacer para dejarme pagar las cantidades que se me piden. Respuesta: darme de baja en la ciudad donde resido y al llegar a España enviar junto a esto último una copia del seguro que adquiero en España. Bien. ¿Y si descarto esos trámites? ¿Cuánto me quedo pagando aquí teniendo en cuenta que acabo de salir de un máster y me apetece, quizá, un mes a mi aire? Respuesta: 170 €/mes. Obligatorios. Sin estar trabajando. Habiendo dejado de ser estudiante».

Le contesto:

«En relación a lo que dice sobre esos pagos, entiendo que son una especie de impuestos. En España la sanidad se financia con impuestos (deje a un lado si es buena o mala) y no hay más pagos por parte de los usuarios. En Alemania, además de esos pagos, ¿la sanidad tiene asignada partida presupuestaria? Por eso los gastos sanitarios siempre se miden sobre el PIB».

Me contesta:

«Exacto, en este caso lo que se hace, por ejemplo, al empezar a trabajar es especificar qué tipo de seguro tienes (TK, DAK o privado). Ellos, la empresa, te ingresan la nómina ya habiéndose deducido la cantidad del seguro médico como si de impuestos se tratara. A parte de las cantidades, que son realmente altísimas (aunque luego a final de año en forma de dividendo reparten unos 100 €), parece ser que si uno elige darse de alta en un seguro privado, es totalmente libre de hacerlo; eso sí, si luego quiere cambiarse a uno de los públicos ha de pagar todas las cantidades que no ha pagado mientras ha estado pagando el seguro privado (tremendo)».

Mi respuesta:

«¿En Alemania es muy elevado el porcentaje de población que tiene un seguro privado además del público?».

La suya:

«He intentado asegurarme antes de contestar, aunque ya tenía una idea predeterminada por lo que había oído. Según el especial del *Süddeutsche Zeitung* para este año sobre seguros médicos (imagina cómo es el tema de complejo que hay un especial para que estudiantes, pensionistas y familias se enteren), en torno al 90 % de los asegurados en Alemania están asegurados por los GKV (los legales, obligatorios).

»Existen, además, condiciones para poder acceder al seguro privado. Según los umbrales de 2015, la cantidad mínima para ingresar en uno privado es un sueldo de 54.900 €/año, y las mensualidades dependen de la edad, estado de salud, etc. (se hace un estudio previo del paciente y se calcula un riesgo). Según esto, los asegurados bajo una tarifa básica (en cuanto a prestación de servicios médicos) pagan un máximo de 640 €/mes.

»Existe también algo llamado "Altersrückstellungen", por lo que el dinero de los asegurados privados va, parcialmente, al mercado donde se supone se producen unos rendimientos de 3,5 % anual, para así costear mejor el incremento de las cantidades por servicios y productos médicos que necesitan las personas más mayores por cuestiones de edad (de ahí el prefijo "Alter-").

»Mi sensación personal es que MUY poca gente tiene un seguro médico privado. Por lo menos las personas que conozco. Estamos hablando de, en muchos casos, personas que sin duda sobrepasan la renta/umbral que le decía antes. Hay que tener en cuenta que aquí no se le llama a NADIE clase media/media-alta cuando con, digamos 35 años, cobra 50-60mil € brutos al año. En Alemania eso a partir de una edad es realmente poco. Hay que calcular que sólo el seguro médico público (GKV), bajo el principio de solidaridad, hace que de la renta bruta se deduzca el 14,2 %. En Frankfurt con 25-30mil € netos están los chavales recién graduados durante los primeros 3 años de trabajo, tirando por bajo. A eso, hay que sumarle en esas cotas unos 1.500-2.000 € de devolución de hacienda, más o menos».

Para meditar.

(10/9/2015)

54

OFERTA DE EMPLEO

Me lo acaba de pasar por mail un lector:

«Una empresa de formación en [nombre de una ciudad española] ha colgado un anuncio pidiendo un formador a media jornada con titulación superior técnica: Arquitecto, Ingeniero, Economista o similar.

»Pues bien, ofrece entre 8.000 y 18.000 euros BRUTOS/AÑO.

»El anuncio lleva colgado 22 h en un portal de empleo y se han inscrito como candidatos, nada más y nada menos, que 471 personas.

»Esta es la recuperación y éste es el proyecto de vida».

De entrada impresiona la variabilidad de la remuneración ofrecida. De salida el precio hora que percibirá esa/e titulada/o superior. Y por encima de eso, que para una plaza se hayan presentado, de momento, 471 solicitudes en menos de 24 horas.

Aun suponiendo que la mitad estén duplicadas y que la mitad no se ajusten a lo demandado, resultaría que en 22 h se habrían presentado 118 solicitudes válidas para una sola plaza.

Sinceramente, no me extraña el comentario con el que mi lector ha finalizado su mail.

(17/9/2015)

55

CV

Unos días atrás recibí este mail:

«Soy [nombre de persona]. Resido en [nombre de una localidad española].

»El objeto de este correo es pedirle su consejo personal para saber si hay alguna opción para mi caso particular, tal y como están las cosas.

»Tengo 36 años. Soy Licenciado en administración y dirección de empresas. He trabajado como Empleado de banca y como administrativo. Desde el 2012 solo trabajo tres meses cada año, durante la Campaña de la Renta en entidad bancaria y en abril en el call center de hacienda (servicio público externalizado).

»Actualmente no cobro ningún tipo de prestación. Vivo con mi madre. Tengo unos euros ahorrados y ninguna deuda.

»Me gustaría saber que me recomendaría hacer con respecto a la formación o búsqueda de empleo, porque mi entorno me aconseja pero no me convencen demasiado.

»El caso es que yo no lo tengo claro y no quiero malgastar dinero para luego no poder sacar provecho de esa formación. Mi familia es pobre y no me puede ayudar económicamente, por lo que dependo de mis recursos. Tampoco tengo contactos. Dicen que soy excesivamente pesimista, y que tengo que hacer algo "lo que sea".

»Como ve es una situación complicada, llevaba mucho tiempo queriendo escribirle, me encuentro en una situación en la que no sé qué opción tomar, por lo que cualquier consejo o sugerencia que pueda darme se lo agradeceré enormemente».

La leí dos veces seguidas, una a continuación de la otra. Impresiona, ¿verdad? Dicen los políticos que España se está recuperando, que hay más personas trabajando, que el PIB aumenta. Pero lo cierto es que estamos yendo, que ya hemos llegado a la Sociedad 1/3. Y quien me escribe está en el tercer tercio.

(21/9/2015)

56

DESDE BRASIL

Se lo cuento en dos entregas porque es largo. (Y mientras lo leen, si así lo deciden, recuerden que estamos hablando de Brasil, una economía que nos dijeron que iba a ser la bomba. Como Irlanda y España, sí, como Irlanda y España).

Hace unos días recibí un mail de un lector brasileño:

«Vivo en Brasil desde Noviembre de 2013. También viví en la misma población en la que vivo ahora, durante 13 meses, entre los años 2007 y 2008. Regresé a España porque no podía vender una vivienda (al precio de burbuja), y estuve en España hasta que terminé de liberarme de todas las deudas.

»Como le decía, ahora vivo en Brasil y he visto muchas cosas, varias las he anticipado debido a mi experiencia en la crisis de España. La crisis me ha abierto el interés por la economía, por pura supervivencia.

»Quería comentarle solo un detalle que me está llamando la atención desde hace muy pocos meses, yo diría que no más de 6 meses, desde inicios de 2015, incluso desde los últimos 3 meses. Se está multiplicando el número de pequeños negocios que se abren, y que siempre son los mismos: pequeñas tiendas de bollería, pequeños comercios de alimentación, peluquerías, tiendas de tartas baratas, de comida para llevar, y tiendas de frutas y verduras. Todos estos negocios se abren en las mismas casas de la gente y suelen tener muy pocos productos. Lo más curioso es que estas tiendas se repiten tanto que no comprendo cómo pueden sobrevivir. Sin ir más lejos, en mi calle existen dos peluquerías, tres tiendas de comestibles, una de estética, una de bollería y otra de pinchos de carne y maíz asado. Pero es que no hay más de 30 viviendas... Y esto mismo se repite por todo el pueblo. No creo que tarden en cerrar varias de ellas, como están empezando a hacer con las tiendas de ropa y de construcción, que son algunas de las plagas de tiendas que nacieron con la euforia del crédito que se ha vivido en este pueblo de 60 mil habitantes de Brasil.

»Si le interesa algún aspecto en concreto de lo que ocurre aquí me lo comenta y estaré encantado de responderte».

Mi respuesta fue:

«Pienso que sí, que se trata de un puro tema de supervivencia: esas tiendas son instaladas en viviendas, por lo que pagan los impuestos de actividad correspondientes pero no pagan alquiler, y con un contrato de electricidad ya les valdrá. Supongo que los márgenes deben ser elevados, por lo que su punto muerto será muy reducido. También pienso que habrá casos en que esa actividad será complementaria: el resto de miembros de la familia desarrollará una actividad externa, sea a tiempo completo o a tiempo parcial, y un miembro de la familia —que no tiene por qué ser siempre el mismo— gestionará la tienda, con lo que la tienda se convierte en una renta complementaria (aunque ese complemento sea el más importante). Y sí, creo que se halla usted en lo cierto: no hay capacidad de consumo para tanta oferta, por lo que cerrarán bastantes, aunque insisto en que necesitarán vender muy poco para cubrir costes.

»Lo que me extraña es que no me diga que hay una —al menos— gran superficie comercial a las afueras de la localidad. 60.000 habitantes son bastantes, y desde luego justifica una instalación de esas características. Y los precios de una gran superficie siempre serán menores que los de esas tiendas que comenta, por lo que esos pequeños comercios difícilmente podrán competir.

»Lo de las tiendas de ropa y complementos es diferente. Nacieron al calor del boom económico, pero no vendían bienes necesarios, al revés que estas tiendas de calle; y sus costes fijos eran muy superiores. Por eso cerraron rápidamente.

»No sé si vio esto (repare en la fecha):

»"O Brasil é hoje a versão 2.0 da Espanha de 2003" (27)».

Y la suya:

«Imagina bien, hay un supermercado grande a las afueras del pueblo. Para que se haga una idea, es tan grande como dos veces un supermercado de [nombre de una cadena de grandes supermercados], o medio de [nombre de otra cadena de grandes superficies]. Tiene carnicería, charcutería y un horno. Lo abrieron en 2011. Creo que tenían como objetivo ser el gran supermercado de la comarca, en la que hay otros ocho pueblos, más o menos cerca. Para encontrar otro supermercado tan grande ya hay que desplazarse a otra ciudad a una hora y media de distancia.

»Sin embargo, no está teniendo el éxito esperado. Por sorprendente que parezca, cobra entre un veinte y un cuarenta por ciento más que otros supermercados del pueblo en muchos de sus productos, incluso en los de primera necesidad. Cuando llegué en noviembre de 2013, de las veintitrés cajas que tiene, solo operaban entre seis y siete. Hoy no hay más de tres cajas abiertas, con filas que no superan las dos o tres personas en las cajas normales, y cuatro o cinco en la caja de menos de diez volúmenes. Y eso que en las cajas se pagan también los recibos de la luz, del agua, alquiler, etc.

»Existen otros cinco supermercados en el centro de la ciudad, tres antiguos y dos nuevos, de tamaño pequeño, con tres o cuatro cajas. De los cinco solo funcionan bien dos, del mismo dueño, los dos nuevos (uno abierto en 2008 y otro en 2014). Todos los supermercados sirven a domicilio, y además de la cajera tienen a alguien que se ocupa de meter la compra en las bolsas, uno por caja. Pues bien, de los tres supermercados más antiguos cerrará uno, y los otros dos han perdido más de la mitad de los clientes. La culpa la tiene en parte el dueño de los dos últimos supermercados que se abrieron. Para ganar a los clientes disminuyó más del veinte por ciento los precios de los productos de primera necesidad, y mantuvo el precio de los otros. Además, contrata a estudiantes por cuatro horas para que metan la compra en las bolsas, hagan caja, repongan y lleven las compras a las casas, lo que le sale más barato. Pero también creo que tiene gran parte de culpa la crisis.

»Me comenta que probablemente cerrarán los comercios pequeños de alimentación, a favor de la gran superficie, por causa de los precios. Lo cierto es que aquí eso no me parece tan claro, al margen de que los precios del gran supermercado sean más altos. Piensa que aquí la mayoría de gente tiene recursos escasos, muchas veces la pensión del padre o de la madre, de la que llegan a aprovecharse varios de los hijos, aunque sean pensiones de miseria. Pues bien, las pequeñas tiendas, las tiendas de barrio, aunque sean más caras, les fían a estas personas hasta el mes siguiente. Aunque la gente también tiene tarjeta, y la usan para pagar a plazos en otros comercios, y sacar préstamos rápidos desde los cajeros, incluso para pagar la cuenta del agua o de la electricidad a plazos. Pero compran en estas tiendas pequeñas de barrio donde tienen una cuenta abierta y les fían. Además, hay otra cosa que me sorprende, y es que la gente vive más al día, y si tienen dinero, o pueden comprar a fiado, se lo gastan sin preocuparse demasiado por el precio, mientras lo puedan pagar. Están acostumbrados a pagar a plazos aunque los precios suban más del cincuenta por ciento. Siempre lo han hecho así. Claro que existen las excepciones.

»He leído el artículo que me envió con el enlace. Lo conocía porque le leo casi a diario desde hace unos seis años. Está en lo cierto en lo que decías de Brasil como España 2.0. De hecho ya han empezado los recortes. Ayer o antes de ayer leí un artículo en que decía algo así como que "Brasil hacía recortes a lo España". Esta semana en los periódicos de Brasil he leído los recortes que van a realizar para conseguir sesenta y un billones de reales (unos 14 mil millones de euros), para cerrar un agujero presupuestario de unos 7 mil millones. Pero como ya sé lo que ha ocurrido en España, sé que no conseguirán recaudar lo esperado, porque el consumo será menor de lo que piensan, y aparecerán otros agujeros, y aumentarán los intereses de la deuda, muy pronto si la FED sube los intereses como se está esperando. También quieren recortar esta semana diez ministerios y tomar otras medidas. Pues no les queda nada...».

Al rato me remitió otra misiva:

«Quería terminar el correo que le he enviado hace un rato con una noticia que he visto en la televisión, y que hace referencia a los supermercados en Brasil: en el primer semestre han disminuido las ventas en los supermercados en un 6,1 por ciento».

Mi respuesta a su mail:

«Es un hecho que la crisis determina la caída del consumo, el exceso de endeudamiento pesa como una losa, y los recortes de gasto público. En eso Brasil no se diferencia del resto de países. Lo que me sorprende es ese exceso de oferta tan acusado en relación a la demanda existente y el que esa gran superficie no utilice su poder de compra para ser más competitiva en precios.

»En cuanto a que los comercios de calle —que ya no de barrio, por lo que me dijo— fíen, eso una gran superficie tiene posibilidades de solventarlo, máxime si pertenece a una gran cadena; claro que habría que ver si la morosidad de una gran superficie es mayor o menor que la de una tienda de calle: en una tienda de calle, quien te vende es tu vecino, y si no pagas a quien te vende estás impagando a tu vecino. En cualquier caso lo que está claro es que de una forma o de otra y en una atmósfera de rentas medias estancadas o a la baja, la oferta siempre, siempre, acaba adaptándose a la demanda».

Me dijo:

«Como le decía ayer, vivo en un pueblo en el interior de Brasil, y estoy de acuerdo en que Brasil es España 2.0. Le pondré algunos ejemplos.

»Mi mujer es profesora en un instituto público. En ese instituto trabajan 35 profesores. En el año 2008 tenían coche 10 de ellos, y en el 2015 el número de profesores con coche es de 32. Casi todos los coches son nuevos. Dos de los que no lo tienen están pensando en comprar uno, y luego está mi mujer, que no tiene coche, al igual que yo. Preferimos alquilar una casa a dos minutos del instituto para poder ir andando. De todas formas, el pueblo no es tan grande. De una punta a la otra se puede atravesar caminando en 20 minutos.

»Los salarios medios de los profesores, por cuarenta horas semanales, son de 407 € para contratados, 792 € para fijos, y 905 € para los coordinadores (sin contar la antigüedad, que no se paga tanto). Pero, la mayoría de los profesores suman a las cuarenta horas otra jornada extra de 20 horas, trabajando en una escuela privada o en las escuelas del ayuntamiento.

»El coche tipo que suelen comprar los profesores se corresponde con un coche de gama media, como el [marca y modelo de gama media], y suelen financiarlo en 5 años. Con una calculadora de un banco de Brasil podemos conseguir el siguiente préstamo: precio inicial 9.741 €, entrada 697 €, 60 mensualidades de 314 €, precio final 18.866 € (el doble del precio inicial). [Nota. El PIB pc de Brasil estimado por el FMI para el 2015 será de 12.340 $ internacionales; el de España, de 34.899].

»Un caso real. Una persona que tenía un coche viejo. Hace unos meses me dijo que no paraban de hacerle ofertas para comprar coche y darle financiación. Según decía, él no iba a caer en esa trampa, ni loco. Pero hace un mes que sí que cayó en la trampa y se compró un coche, similar al que antes describí, pero de la marca [nombre de una marca de automóvil].

»El primer día de este mes, ya estaba haciendo cola a las 5 de la mañana en la puerta del banco para pagar el recibo del coche. Dice que había mucha gente a esa hora y que enseguida se llenó. Su intención era pagar el recibo en uno de los cinco cajeros automáticos cuando abrieran a las 6 de la mañana. En las cajas no atienden hasta las 10 de la mañana, y los primeros días del mes, uno puede prepararse para comer por la tarde, si quiere ser atendido en el banco. Podía haber pagado el día antes, cuando las cajas y los cajeros están vacíos, pero no tenía suficiente dinero en la cuenta.

»A esa persona tras pagar el coche, la comida, la escuela privada de su hija (la escuela pública no es buena). Le quedan 200 € al mes para agua, luz, internet, ropa, libros, seguro, gasolina (a 1 € litro).

»Y definitivamente sí, con sus particularidades, creo que Brasil es España 2.0».

Le respondí con varias preguntas:

«Sí, efectivamente lo es. Yo me di cuenta de que estaba pasando lo mismo antes de que se publicase nada por una amiga brasileña que reside en Brasil y me contaba cosas parecidas a las que usted me cuenta. La deuda privada en relación a los ingresos es enorme.

»Una pregunta: ¿por qué va la gente a pagar al banco o a los cajeros? ¿Por qué no domicilian el pago? Tras cobrar la nómina se les cargaría el pago del mes, ¿o es que la mayoría de los deudores se hallan en la economía sumergida?

»¿La población es consciente de lo que puede suceder si aumenta el desempleo?».

Y su respuesta fue:

«La gente se agolpa en los bancos a primeros de mes, en lugar de domiciliar los pagos o pagar por internet, por varios motivos: porque tienen miedo a pagar por internet, ya que se dan muchos fraudes; porque el pago domiciliado y por internet es muy reciente, y siempre han pagado con boletos con códigos de barras recibos de luz, agua, teléfono, universidad, etc., (en bancos, supermercados, farmacias, loterías, pastelerías, etc.), es la costumbre, es cultural; mucha gente no llega a final de mes, y prefieren tener el dinero y pagar al principio de mes cuando cobran y cuando quieren, y retrasar el pago si hace falta; también hay muchas personas que vienen del campo y solo pisan el pueblo para sacar su dinero y hacer las compras para el mes, y en el campo, aunque pudieran, no tienen internet porque no llega; y también hay muchos prestamistas que dejan dinero a 30 días o menos, con un interés que se puede imaginar, y que reciben el préstamo cuando la gente cobra.

»Las colas que se forman se ven agravadas por muchos factores, como que hay mucha gente analfabeta que necesita más tiempo y ayuda para resolver sus gestiones. También porque se hacen pagos de muchos recibos. Hay reclamaciones por cobros indebidos (muchas veces porque los hijos sacan dinero de la cuenta o de las tarjetas de sus padres jubilados, o hacen préstamos, sin su conocimiento). Y también porque se dan casos en que algún funcionario desvía dinero de los clientes en su favor (esto me resulta menos verosímil, pero me lo han contado, y sé que han despedido a algunos).

»Creo que la población todavía no es consciente de lo que puede suceder si aumenta el desempleo. Los profesores de los que le hablaba hace un mes pensaban que esto no era una crisis, que era algo pasajero, que siempre habían vivido así. Y eso que a principios del año se produjo un ajuste en el estado en que vivimos y en general en todo el país y en la Unión. Se recortó el 20 % en educación y sanidad, y el 25 % en otras administraciones (casi nada). Esto ha afectado en la escuela, en la que han eliminado la formación continuada pagada de los profesores, falta material de todo tipo, se han suprimido algunos programas lo que ha obligado a despedir personal subcontratado, y algunos días ha faltado la merienda escolar (que aquí se sirve para todos los alumnos desde los 6 años hasta los 18 por la mañana, tarde y noche). Aunque parece que con los recortes que se han anunciado la última semana se van dando más cuenta: congelación de oposiciones públicas en todo el país, reducción de un 30 % de uno de los programas estrella del gobierno (mi casa mi vida) de ayuda a la adquisición de vivienda (el gobierno ya se está quedando con algunas casas por morosidad), y la reaparición de un impuesto que grava con 0,2 % los cheques.

»Mi opinión es que van tardar varios meses, y quizás más de un año (hasta después de las olimpiadas), para darse verdadera cuenta de lo que se les viene encima. Pienso así porque a finales del año pasado se hicieron unas elecciones presidenciales que ganó Dilma

Roussef, del Partido de los Trabajadores, con algo más del 50 %
del apoyo popular. Y hoy en día solo cuenta con una popularidad
del 8 %. Y eso que no habían hecho todavía los recortes de la semana pasada. La población cree que el gobierno actual es el culpable de la situación de crisis que vive el país, y que cuando este gobierno salga las cosas mejorarán. Por eso, hasta que no cambie el
gobierno, y vean que las cosas no cambian, incluso empeoran, no
se darán cuenta de la realidad. Vamos, España 2.0».

¡Vaya! Las Olimpiadas, ¿recuerdan lo que sucedió en España tras
el fin de los fastos del 92: las Olimpiadas, la Expo, la Capitalidad
Cultural de Madrid. La diferencia: entonces España y el planeta no
se encontraban en medio de una crisis sistémica; ahora Brasil, sí.

(22/9/2015)

57

AUSTRALIA

Hace unos días recibí un mail de un lector:

«El otro día coincidí en el tren con un vecino mío en que me dijo
que su hijo trabaja en Australia. Me dijo que allí todas las tasas
pagadas a la Seguridad Social Australiana las podrá recuperar el
día que se jubile. Prácticamente con un Plan de Pensiones. En cambio aquí en España las tasas que yo pago a la Seguridad Social sirven para pagar las prestaciones que están cobrando los jubilados.
¿Sabe por qué sucede esta operativa cuando, bajo mi modesta opinión, es más lógica la operativa australiana?».

Mi respuesta fue:

«En Europa, con mayor o menor intensidad, el sistema vigente de
Seguridad Social está basado en la "solidaridad intergeneracional"
de forma que las generaciones ocupadas de hoy pagan a los que
trabajaron ayer. En Australia, el sistema —Superannuation— se
basa en aportaciones que realiza cada trabajador y que son para él
—el 9 % de forma obligatoria más lo que decida cada cual— y una
aportación mínima del Estado para los trabajadores de muy bajos
ingresos.
　　»El problema del sistema australiano reside en que ese sistema
de pensiones es muy poco redistributivo: Australia ocupa el 12.º
lugar en el ranking mundial de PIB per cápita, sin embargo se sitúa

en el lugar 24 en cuanto al índice Gini; cierto, la desigualdad no viene dada tan sólo por el sistema de pensiones, pero contribuye: Noruega ocupa el 5.º lugar por PIB per cápita y el 1.º en la clasificación Gini. (Claro que España incumple esa regla: el 32.º por PIB per cápita y el 58.º por Gini).

»Lo que sucede es que el sistema australiano se halla muy vinculado al binomio "permiso de residencia-contrato de trabajo": no es posible la emigración masiva y a la aventura en Australia, lo que influye en que la tasa de desempleo sea del 6 % y del 13,3 % entre los jóvenes. (España: 22,3 % y 46 %, respectivamente)».

Las cosas siempre son debidas a varios factores y tienen diversas consecuencias.

(22/9/2015)

58

CAFÉ

Me escribe un lector residente en Alemania:

«He estado de vacaciones por Portugal con una amiga [nombre de una titulación] en Düsseldorf.

»Nos encantó Lisboa. Y me dejó pensando muchísimo la reflexión que hacía mi amiga al pagar 1,05 € por un café que en Düsseldorf puede costar 4 € (además de ser mucho mejor café): "Qué barbaridad. Cómo podemos tener la misma moneda y ser parte de la misma Unión!", se sorprendía ella cada vez que nos servían en el café donde está la figura de Fernando Pessoa. Para meditar».

Mi respuesta.

«Dígale a su amiga que eso es el ejemplo de área monetaria que no funciona: el euro fue un invento para los países de la antigua Área del Marco, que fue extendido a los que no pertenecían a esa área para hacer negocio con ellos. Lo que sucede es que como en las áreas monetarias los precios tienden a igualarse, pero no las rentas, el precio del café en Portugal aumentó y seguirá aumentando y los portugueses podrán tomar cada vez menos cafés. Y en Alemania subirá muy poco el precio del café pero descenderán las rentas de la mayoría, porque cada vez será menos necesario el factor trabajo, con lo que también los alemanes podrán tomar cada vez menos cafés. Y otra cosa: para la renta media portuguesa, para la pensión media, 1,05 € por un café es caro».

(25/9/2015)

59

CONSULTA

Hace unos días recibí un mail:

«Leyendo su contribución en *La Carta de la Bolsa*: "Advertencias" (28) no puedo dejar de preguntarme qué consecuencias tendrá esta supuesta tercera etapa de la crisis para la gente de a pie que vive de su escaso trabajo. Mis padres, por ejemplo, con 55 años tienen dificultades para encontrar trabajo. ¿Tenemos que esperar más desempleo aún? ¿Puede esa generación contar con pensiones? La mía está claro que no, pero las pensiones de personas que ya han cotizado entre 20 y 30 años se suponía que no estaban en cuestión, ¿o piensa que también?

»Más recortes se esperan de todas formas por la obligatoria reducción del déficit, pero ¿agravará esta crisis aún más la situación de baja recaudación y gasto público?».

Mi respuesta fue:

«Como usted sabe, hoy se están pagando las pensiones en su totalidad recurriendo a la caja de reserva, y se estima que, al ritmo actual, queda caja para 3 o 3,5 años. Hasta que llegue ese momento pienso que, a no ser por imposición de Bruselas, no se actuará porque actuaciones a ese nivel implican cosas que restan votos y molestan a la ciudadanía; cuando llegue el momento tendrán que hacerse cosas. Aumentar los ingresos vía mejora de las cotizaciones no lo veo, porque los salarios tienden a mantener su nivel actual o a bajar; crear un impuesto específico tampoco lo veo, porque eso resta renta; por lo que lo más rápido es reducir pensiones. Ya están corriendo por Internet cálculos de reducción suficientes para mantener la "viabilidad" del sistema, y se está hablando del 20 % de reducción media (0 % las más bajas y hasta el 30 % las más elevadas), y sí: sería con efectos retroactivos para todas las pensiones porque, al no haber fondos suficientes, si fuesen sólo las nuevas se crearían dos escalas.

»Esto sería el principio porque, a no ser que la esperanza de vida tras dejar de trabajar (ya no digo "jubilación") se hunda, cada vez habrá un mayor número de pensionistas que en ningún caso va a ser compensado por unas mayores cotizaciones al tender la demanda de trabajo a menos —dado que se buscan aumentos en la productividad—, por lo que la senda de los recortes tendrá que continuar. En cualquier caso, los recortes tienen un límite físico, por lo que, en el medio plazo, se establecerá una renta básica que englobará pensiones, prestaciones por desempleo, subsidios y ayudas, y que percibirán todos los españoles, al menos quienes no sean activos y no dispongan de recursos. (Corre también por Internet una estimación que apunta a que los nacidos después de entre 1958 y 1962 no percibirán pensión. Insisto: es sólo una estimación que corre por Internet).

»La evolución del sistema de pensiones puede ser diversa. Lo que sí está claro es que el sistema de pensiones que hemos conocido, y que aún está vigente, no es sostenible porque se incumplen todos los supuestos que se hicieron cuando se instauró a principios de los cincuenta: pleno empleo del factor trabajo, salario constantemente creciente, esperanza de vida de sesenta y cinco años.

»El desempleo aumentará por lo antes dicho: porque se busca la productividad, por lo que se convertirá en estructural; pero a la vez el empleo se precarizará porque se generalizarán tanto el contrato por obra y servicio como el empleo a tiempo parcial, con el impacto que ello tendrá en las cotizaciones, según antes apuntaba.

»Se producirán más recortes y subidas de impuestos, pienso que básicamente IVA e IBI, de eso podemos estar seguros porque

Bruselas ya le ha dicho a España que el presupuesto aprobado es imposible y no va a cumplir con lo pactado. Esos recortes y subidas de impuestos afectarán sobre todo a las rentas más bajas, por lo que puede decirse que sí, que la crisis se verá agravada».

Para meditar.

(15/10/2015)

PENSAMIENTOS EN VOZ ALTA

Recientemente recibí un mail de un lector:

«[...] le habla un joven desde el pabellón de los ganadores, ¡tengo trabajo "de lo mío" (expresión muy de moda)! ¡y como becario me han pagado el último mes unos 900 euros! ¿Qué becario gana eso en España? Muy muy pocos. De esos pocos, ¿Cuántos pueden decir que salen de trabajar antes de las cinco de la tarde? Además todo en una multinacional de vanguardia, gigantesca, en un sector en auge, de altísimo valor añadido ¿Qué más se puede pedir? Todos mis conocidos me felicitan, se alegran por mí, y dicen que llegaré lejos. Ciertamente, mirando a los de mi quinta no hay absolutamente nadie que se encuentre en una situación meramente comparable, con 23 años y estoy independizado de mis padres y todo ¡El orgullo de la familia!

»Esta historia no va del típico chaval con 3 masters que limpia retretes en Londres, va de un chaval que siempre ha sido más dedicado en la clase, el que más se lo curra, el que más ambiciones tiene, que ha cursado una de las ingenierías más difíciles (muchos dicen la que más) de todo el país (y además plan antiguo) en una universidad de prestigio, que se ha tirado un año trabajando gratis en un laboratorio de la universidad sólo para ganar experiencia, y otras muchas cosas como experiencia internacional, Erasmus, Inglés, Alemán.... Mi vida es el tope al que puede aspirar un joven en términos realistas y honestamente uno no se puede sentir más estafado, de verdad que es imposible. Lo más triste, que me feliciten, sin ninguna duda es lo que más acongoja.

»Pienso, honestamente, que en esta sociedad se está tejiendo una brecha social muy muy grande, y no hablo de ricos y pobres (esa está bastante trillada ya) sino entre jóvenes y mayores, una brecha social de hombres que dan golpes en la barra del bar, rajando porque les han bajado el sueldo de 2.000 a 1.600 euros, y de jóvenes sin el más mínimo futuro. Parece una tontería, pero hay que estar rodeado de chavales de mi edad y vivir con ellos codo con codo para de verdad entender esto, tal vez usted, que es profesor de jóvenes, vea esto muy bien. Yo sé que sobreviviré, que no me faltará comida sobre la mesa, lo tengo claro, pero el resto... no tengo ni idea que será de ellos, hemos llegado a un punto de alienación tal que consideramos que ganar 1.000 "pavos" es un "pastón".

»Trabajo en un sub-sector manufacturero muy concreto (no hay libre mercado), en donde se manufacturan bienes en muy pequeñas series, de materiales muy concretos, y con un tremendo valor añadido. Trabajo gestionando información de los proveedores, y he podido ver con mis propios ojos lo que usted tanto explica de los clusters. Debido a que en los proveedores tampoco hay libre mercado, se forman esta clase de relaciones.

»Yo sinceramente no creía que fuera posible tal cosa hasta que la vi con mis propios ojos y sí, tiene más razón que un santo. Estamos tan acostumbrados al mercado usual en donde prima el "si no te gusta algo no lo compres" que esto me ha dejado muy descolocado. La relación, para que me entienda, se convierte en algo similar a un matrimonio, ninguno deja al otro porque sería muy doloroso, pero la relación no necesariamente es armoniosa, a veces hay broncas, a veces uno gana más terreno, otras cedes... y te tragas su producto para no quedarte sin existencias... etc. Las penalizaciones van por el estilo "duermes en el sofá" (retrasos de pagos, impacto en futuro contrato...) y casi nunca un "lo dejamos". También existen proveedores con los que hay un "buen matrimonio" y nos mimamos mutuamente.

»Al empezar a trabajar en un terreno de back-office, de lo primero de lo que me di cuenta es de que, en mi opinión, lo que más retrasa al mundo del progreso es que la gente ni sabe programar, ni conoce de las posibilidades de programar. Si, cierto, si así fuese el paro estructural sería gigantesco, pero yo soy de los que piensa que las personas son más eficientes tiradas a la bartola en casa que trabajando para nada (en el primer caso existe una pequeña posibilidad de que algún día les dé por leer algo, o inventar algo que ahorre recursos, etc.).

»Es increíble ver la cantidad de gente que perdía el tiempo preparando la misma presentación semana tras semana, para reportar la misma información, sólo que actualizada, y no sólo presentaciones, sino cálculos, extracciones de datos, interpretaciones de estos... etc. Al detectar esto me puse manos a la obra y automaticé todas esas labores, todo en mis ratos libres. Pude reducir la carga de trabajo del equipo considerablemente, además de obtener más información debido a que el algoritmo busca patrones en común en las bases de datos que serían imposibles para un ser humano. La mejora ha sido importante y ya nos podemos dedicar a otras cosas.

»Y me gustaría remarcar algo, no soy ningún genio, sólo soy un currante ambicioso que sabe cómo hablarle a un ordenador y que el ordenador me entienda. De hecho y para ser honestos, como programador soy algo mediocre, aunque eso nadie lo ve porque nadie sabe cómo abrir el código.

»Y esta tendencia no va a parar, la estandarización de los procedimientos a nivel empresa no se detiene, y eso abre la puerta a más y más automatizaciones. En mi empresa en particular, aún queda recorrido... hasta que se me acabe la beca.

»Y por cierto, viviendo en una gran ciudad sepa que sí, me cuesta llegar a fin de mes. Es que resulta que a pesar de ganar un "pastón" me gasto bastante dinero en un fisioterapeuta debido a varios problemas de salud que tengo (en la pública no te hacen nada) pero bueno, culpa mía por querer vivir por encima de mis posibilidades».

Mi respuesta:

«Plantea un tema interesante que, tiene razón, está escasamente abordado: la división "adultos con algún empleo fijo y más o menos remunerado" y "jóvenes sin ningún empleo o un empleo oscilante con remuneraciones ridículas". (Faltaría añadir un tercer grupo: "adultos expulsados del sistema": el 63 % de los parados lo son de larga duración). En cualquier caso, pasar de 2.000 a 1.600 euros puede suponer, para una familia de cinco miembros, poder pagar la hipoteca o no poder pagarla; ya, dirá que nadie les obligó a tener hijos y que nadie les forzó a adquirir una vivienda; de todos modos habrá visto que la fuerza de convencimiento que tiene el sistema es elevada.

»¿Cómo se soluciona eso? Si por solucionar debe entenderse "volver a lo de antes", no tiene solución. Como usted muy sutilmente apunta, la demanda de trabajo necesariamente va a menos y a menos va a ir, por lo que el escenario que puede diseñarse es el de unos adultos con peores condiciones de empleo (recientemente, una conocida compañía ha creado una nueva categoría laboral con un salario base menor que aquella a la que reemplaza, y que sin embargo tiene una carga y tipología de trabajo similar a la superior, que ha quedado vacía), y una mayoría de jóvenes subempleados. En el conjunto de la oferta de trabajo, habrá personas que pasarán a engrosar la población desocupada estructural y ahí permanecerán. Y sí: en unas zonas mucho y en otras menos: los clusters.

»En su trayectoria profesional (supongo que es usted consciente de que en términos profesionales es un privilegiado) habrá visto que el reparto del tiempo de trabajo es una utopía porque entonces la productividad cae, razón por la que es imprescindible la instauración de la renta básica aunque sólo sea para mantener la paz social y el orden público».

Pensamientos en voz alta, bastante elaborados.

(22/10/2015)

UNA SALIDA

Hace unos días recibí un mail de un lector.

«Acabo de leer su artículo del día de hoy, titulado "CV" (29) y que ha publicado en *La carta de la Bolsa*. Comparto su diagnóstico sobre la situación de ese lector que le escribe: es una persona normal, sin trabajo y sin contactos, y con una familia pobre que no puede apoyarle en lo económico, por lo que en estos momentos se hallaría dentro de ese tercer tercio de la sociedad de los tres tercios que usted preconiza.

»No obstante quisiera brevemente exponerle una salida que está al alcance de este chico de 36 años, que no tiene deudas y aún dispone de unos euros ahorrados. Para ello le explicaré mi situación personal, también brevemente: soy licenciado [nombre de una titulación universitaria]. Sin contactos. Con una familia que tampoco podía ayudarme a encontrar trabajo en su momento. Hoy en día sería también carne de cañón de ese tercer tercio del que usted habla.

»Con 28 años, y en 1997 me encontraba en una situación parecida a la de su lector y, tras analizarla llegué a la conclusión de que mi salida estaba en la función pública. Oposité —lo hice sistemáticamente, seriamente— y lo conseguí en la tercera ocasión que me presenté.

»No soy funcionario de grupo A. Busqué entrar en la administración (nombre de un ministerio) lo antes posible y me salió bien la apuesta. Sin duda no hay puestos de trabajo para toda la población desempleada y subempleada de este país. No le expongo una solución general, pero sí particular para este chico al que su entorno le dice que tiene que hacer "lo que sea". No hay muchas soluciones más en este momento para conseguir un empleo digno y estable. Sin duda, trabajar en la administración pública equivale a vivir en un oasis en medio del desierto hoy en día. No deja de ser una anomalía dentro del mercado laboral que padecemos en la actualidad.

»Por supuesto que la competencia para conseguirlo es atroz. Pero dispone de mucho tiempo libre para acometer esa empresa y créame, si se hacen las cosas bien, al final las oposiciones se aprueban».

Mi respuesta fue:

«Lo que usted plantea tiene mucho sentido, mucho, la pega se halla en el momento. Cierto es que en 1997 la tasa de desempleo en España era enorme: 20,7 %, no lejos de la actual, pero la diferencia viene dada por las expectativas.

»El conjunto de medidas que integran la Ley del Suelo que desencadenó el boom de la construcción y fue la base del "España va bien", se aprobó a caballo de los años 1997 y 1998 lo que puso en marcha un proceso imparable de aumento del PIB y de reducción del desempleo financiado por deuda privada alimentada por fondos excedentes procedentes de la Europa Central, como usted bien sabe.

»Las contrataciones públicas en el Estado, a nivel regional y en los entes locales, crecieron, bien en forma de plazas de funcionarios, bien de contratados. Nada de eso sucede ahora (el aumento de empleo público habido este año pienso que ha sido excepcional y estuvo alimentado por los procesos electorales de 2015); de hecho, en 2016 España se enfrenta a una reducción de déficit de 10 mM.

»El método que usted apunta es correcto porque se basa en escoger una carrera profesional en un entorno que siempre precisará de empleados, pero tanto el número como su renovación por jubilación dependen mucho de las circunstancias».

Las circunstancias.

(30/10/2015)

62

LECTURA

Hace unos días un lector me remitió un link: «La "década prodigiosa" de Magna» (30).

Y este link me hizo pensar.

Lo que, pienso, indican las reivindicaciones por el posible cierre de esta empresa es que no hay alternativas. Y es que ese es el auténtico tema: no-hay-alternativas.

El problema del planeta hoy en día es que no hay alternativas para la población activa que no es necesaria. La Revolución industrial consiguió que, para obtener una unidad de PIB, hiciese falta menos de una unidad de trabajo, o que la suma de los trocitos de trabajo necesarios fuera menor de una unidad. Todo fue bien hasta 1923: allí empezaron serios problemas porque para generar una unidad de PIB hacía falta cada vez menos trabajo y a la vez era posible generar muchas unidades de PIB y la capacidad de consumo llegaba hasta donde llegaba. Tras la II GM, los Estados se pusieron a consumir y se ocupó a toda la población activa, por lo que el problema desapareció. Pero a partir del 2002 el consumo empezó a flaquear y se elevó a las alturas la capacidad de endeudamiento de quienes consumían, hasta que en el 2007 esta capacidad se agotó, y adiós.

Desde principios del siglo XIX siempre ha habido alternativas, aunque fuesen sangrientas, explotadoras, inhumanas o dictatoriales, pero ya no las hay porque hoy puede generarse una unidad de PIB o media o ninguna durante x tiempo, utilizando una fracción de unidad de trabajo o nada, y con el añadido de que la tendencia es a que cada vez haga falta menos. Se vende la idea de que la tecnología crea empleo, y es cierto: aquel empleo que, de momento, no pueda ser automatizado, es decir, el puesto de trabajo para personal ultracualificado y ultraespecializado, que en ningún caso es una alternativa factible para la población activa que ya no es necesaria.

La desazón que provoca la crisis es consecuencia de esa falta de alternativas, ya que hoy, a diferencia del pasado, ni siquiera la guerra lo es. Como ahora se quiere soñar, se quiere creer que ya se ha salido de esta crisis, pero cuando se apagan las luces casi todos cuentan una historia y esa historia no habla de abundancia, optimismo y recuperación. Y ante todo eso, la lectura que me remite mi lector cobra todo su sentido.

(3/11/2015)

INDUSTRIA 4.0. SEGUIMOS

Hace unos días recibí este mail:

«En primer lugar me presento, soy [nombre y apellido], y trabajo en uno de los mayores centros tecnológicos de España.

»Le escribo porque su colaboración en *La Carta de la Bolsa* de título "¿Me lo parece a mí?" (31) me ha impactado. Me ha impactado la carta que le han dirigido. Estoy de acuerdo en sus apreciaciones, hay una parte de la sociedad que (supongo por falta de expectativas) quiere creer que estamos saliendo, y que lo del paro es cuestión de tiempo.

»Mi experiencia en diversos sectores industriales y mi actual puesto me hace pensar como usted, es verdad que habrá un grupo de personas formado por profesionales (hiperconectados-hiperexperimentados) que no tendrán problemas en estar en activo pero hay otro grupo, muy amplio que ni está ni se les espera.

»En estos momentos está en marcha una cuasi-revolución industrial, llamada Industria 4.0. Esta revolución está siendo exportada desde Alemania, desde UE y aquí por el Gobierno Vasco, que la ha hecho suya, y en mi opinión con gran acierto.

»Pero preguntémonos, ¿qué trae esta Industria 4.0? Pues resumiendo mucho, por un lado Procesos de Fabricación Inteligentes, que se "autoprograman" y se "autoajustan" en función de variables tanto internas de las propias fábricas como externas, ya sean de clientes o proveedores. Es decir es la automatización de las actuales automatizaciones, y sí, esto crea riqueza pero también paro.

»Por otro lado, traen nuevos negocios derivados de la conexión a internet de las cosas, nuevos servicios, nuevos negocios. Para esta segunda pata es necesaria la creación de nuevas empresas de base tecnológica, y sí, esto crea trabajo, pero el perfil profesional necesario es de alto nivel, hablo de licenciados en matemáticas, físicas, ingenieros... Y esto no se lo oigo decir a nadie más que a usted. Pero es tan obvio!

»Incluso aquí en Euskadi, que creo estamos en mejor posición, no la óptima, pero no estamos mal, en algunos momentos parece que predicamos en el desierto. Es el momento (hay tiempo) de subirnos a este tren, pero si no subimos y el tren parte, creo que será la oportunidad perdida.

»Por eso, creo que para la próxima legislatura solo votaré a quien en sus discursos me explique qué va a hacer con la EDUCACIÓN».

Mi respuesta fue:

«Por diversos motivos conozco muy, muy bien Euskadi, y sí, tiene usted razón: en Euskadi existen clusters y compañías que están a la vanguardia en varios de los apartados de la Industria 4.0 y la intención de convertir Bilbao en un centro de diseño en esos ámbitos, una vez realizada la reconversión urbanística de la ciudad, es una idea genial, pero ¿cuántos profesionales va a atraer esa línea? ¿Diez mil? ¿Quince mil? Profesionales que no necesariamente tienen que ser euskaldunes o españoles. Es decir, como sabemos, ser una potencia en Industria 4.0 puede perfectamente convivir con un desempleo estructural monstruoso y un subempleo en subsectores generadores de medio valor difícil hoy de imaginar. San Francisco es un buen escaparate de eso.

»En mi opinión, y siguiendo la línea que apunta, no debería fijarse usted, de cara a las elecciones del 20D, en lo que dicen los partidos sobre educación y formación; sino en lo que dicen sus programas en relación a primar la excelencia educativa; en potenciar a los jóvenes de alto rendimiento; en construir y/o reconvertir y, evidentemente, dotar económicamente unos centros formadores de profesionales que se hallen a la última de la última; en los programas que hablen de concesión de becas para el perfeccionamiento en centros internacionales de élite; en los que hablen de invertir en programas de prácticas en las que verdaderamente se aprenda y utilice lo aprendido... Y en aquellos que aborden y desarrollen procesos que permitan hacer frente a la oleada de desempleados y subempleados que esa Industria 4.0 va a generar, y que va a ahorrar puestos de trabajo hasta en el cajón de sastre en el que han acabado los desplazados por avances tecnológicos anteriores: los servicios de bajo valor.

»Pero me da la sensación de que hay muy pocos políticos que hablen de esto porque son temas feos que quitan muchísimos votos y dan muy pocos».

(13/11/2015)

64

JÓVENES

Recientemente recibí un mail de un lector:

«[...] Ayer hablaba con mi amiga de la difícil situación de los jóvenes en España. Hablábamos de crear una empresa y ella me decía que era "un robo" hacerlo aquí y que tenía un amigo en Londres que tenía tres empresas. Otro amigo tenía una empresa en Inglaterra, facturaba el equivalente a 400 € al mes y por ser tan poco no tenía que pagar nada (ni autónomos ni impuestos) y, además, le pagaban una casa.

»Entonces, para ir más allá de poner el dedo en el problema, se me ocurrió:

»¿Sería posible que empresas ya en funcionamiento permitiesen crear bajo su ala una empresa nueva y, poco a poco, se buscase la escisión de la empresa matriz y la constitución de la nueva sociedad? Para evitar suponer competencia, sería como si yo me fuese de mi ciudad a otra, aprendiese en una empresa que ya funciona casi todo sin tener que preocuparme por burocracia y primeros pagos asfixiantes y, una vez que sepa y vea que funciona, llevármela a mi ciudad».

Mi respuesta fue:

«La "burocracia" es un problema, pero añadido; y lo de la fiscalidad... pues no sé. Sí, en Reino unido es muy barato crear una empresa, pero el gasoil de automoción está a un precio prohibitivo: es el más caro de Europa.

»De todos modos pienso que el problema no es tanto de papeleo o fiscal como de demanda: puede abaratarse y agilizarse la creación de empresas, pero, ¿para hacer qué?

»España tiene una alta tasa de paro y a la vez su tasa de actividad es seis puntos menor que, por ejemplo, la danesa. Si la demanda de trabajo creciese, lo haría la tasa de actividad, por lo que la tasa de paro se mantendría o incluso aumentaría».

En eso radica el problema.

(13/11/2015)

65

HK

Ya les he hablado en otras ocasiones de un antiguo alumno y amigo que nació en Hong Kong y que hoy es ciudadano del mundo. Hace unos días le remití un mail:

«Lee este artículo y dime: en tu opinión, ¿han empeorado las condiciones sociales en HK tras la devolution?».

«Más refugiados en Hong Kong: supervivencia en la ciudad financiera» (32).

Su respuesta (Ya saben que nunca modifico nada, ni la dicción):

«El precio de la vivienda en Hong Kong está intratable.

»Los chinos "mainland" han comprado sin parar y actualmente hay muchos pisos vacíos que no vive nadie. Lo compran para inversión, especulación y para conseguir el pasaporte. Actualmente, el gobierno de HK ya no otorga el pasaporte por estas inversiones por eso han dejado de comprar.

»Por otra parte, Hong Kong concede pensión + ayuda + piso a la gente con menores ingresos. Se de una señora que trabajó en Hong Kong y luego dejo de cotizar por estar en [nombre de un país europeo]. Los últimos años vivió en Hong Kong y le dieron una residencia de ancianos, la verdad que impresionante la residencia. Por otra parte, se de otra señora que vive en Hong Kong está jubilada. No tiene piso por lo que le dan piso y pensión.

»El tema es que todos los ciudadanos de HK tienen derecho a pensión, las ayudas nadie quiere acudir y los pisos hay que solicitarlo porque hay lista de espera. La gente de Hong Kong cobra pensión, pero nadie quiere acogerse a las ayudas porque para ello requiere un documento de los hijos certificando que no se hacen cargo de sus padres. Por este motivo, poca gente acude a estas ayudas por orgullo. Muchos de los parados tampoco solicitan las ayudas por desempleo.

»Un claro ejemplo fue en el año 2012 que HK tuvo superávit y se repartió por partes iguales a toda la población. Es decir, tiene capacidad para afrontar y dar ayudas pero muchas veces los ciudadanos rechazan estas ayudas por orgullo.

»Otro de los temas, es que muchos chinos "mainland" han conseguido ser ciudadanos y están solicitando ayudas por desempleo y hay quejas de los ciudadanos originariamente de HK porque dicen que se van a agotar los fondos por culpa de ellos. Realmente son personas que han podido comprar pisos carísimos pero como no trabajan aprovechan la oportunidad para cobrar el paro».

Le respondí:

«Una descripción muy completa, pero ¿las ayudas hoy son más altas o menos que antes de la devolution?».

Me respondió:

«Hoy mismo no sabría decirte si hay más ayudas o menos. Pero las ayudas exigen más requisitos para evitar fraude como te comenté que los chinos "mainland" intentan acogerse a estas ayudas sin tener la necesidad.

»Otras de las cosas es la nacionalidad. Si tienes un hijo puede acogerse a la nacionalidad del padre, de la madre o del lugar de nacimiento. En estos momentos está resultando muy difícil tramitar la nacionalidad de los niños que han nacido fuera y que la nacionalidad de los padres es de Hong Kong por el mismo motivo. Es decir, que los chinos "continental" intentan comprar y vender nacionalidades o mejor dicho coleccionar nacionalidades. Lo que ha provocado que HK ponga también restricciones en la nacionalidad».

Interesante e ilustrativo, ¿no?

(16/11/2015)

LA NUEVA NORMALIDAD, MÁS

Hace unos días recibí un mail muy breve de un lector: contenía una sola pregunta:

«¿Qué le parece más difícil: la situación económica que hemos vivido de 2012 a 2015, o la de ahora desde 2015 hasta 2019?».

Mi respuesta también fue breve:

«En España, y en general, la de 2016 a 2020 porque además de tener que sacar 50 mM de donde sea, la población deberá desmontar y abandonar el sueño que ha construido».

Cuando me respondió, se explayó más:

«Pues mire, yo llevo trabajando desde Febrero en una empresa en [nombre de una localidad española] que se llama [nombre de una empresa]. Tiene mucho negocio, de hecho tenemos demasiado trabajo. Trabajamos para [nombre de una multinacional]. La empresa tiene la patente de diferentes productos, es decir, fabricamos solo nosotros para todo el mundo. Yo particularmente tengo un contrato de formación de un año y luego a esperar que me renueven. Pero ya que dice lo de los sueños, mi único objetivo es ahorrar lo que gano en la medida que pueda. Tengo [una edad comprendida entre veinticinco y treinta años] y vivo con mi madre (pensionista) y mi hermano de [una edad de entre quince y veinte años]. Tengo capacidad de endeudamiento y capacidad de gasto pero ni me quiero endeudar ni quiero gastar si no es necesario. Es divertido ver y relaja mucho como la cuenta corriente va subiendo cada mes. Mejor eso que lo contrario. Por lo tanto, mientras siga trabajando ese es mi sueño. Lo de independizarme y tener familia, soy soltero, habrá que estudiar el cuándo y el cómo pero duermo tranquilo. Para más información, mi sueldo es de más de más o menos 800 por primas que quitan y/o ponen y trabajo de lunes a viernes 6 horas. En la empresa se trabaja de lunes a viernes 24 horas seguidas».

Mi respuesta fue:

«Seguro, pero eso solo confirma la Sociedad 1/3. Usted es parte del segundo 1/3 "que-de-momento-sí" (tiene trabajo); e igual ese "de momento" es para usted eterno, pero no tiene nada garantizado porque si esa compañía llega a la conclusión de que debe reorientar su actividad y/o moverse hacia otras latitudes, o bien le ofrecerán un traslado si es usted muy necesario o bien prescindirán de usted. Es decir, en ese segundo 1/3 la inseguridad es muy elevada, o total, y muchísimo más elevada que en el primer 1/3 (aunque tampoco ahí nadie está exento de inseguridad).

»Lo mejor del caso es que es usted afortunado, aunque averigüe cuál era el salario de un empleo equivalente y en dinero constante en el 2004 o en 1991, siendo entonces la seguridad mucho mayor.

»La ciudadanía se está acostumbrando a una Nueva Normalidad basada en la incertidumbre en la que sólo existe el presente y en la que el pasado ha dejado de ser referencia; de hecho es la manifestación del fin de esta Historia que anunció Fukuyama en el 89. Un presente limitado, insuficiente, desigual y para muchos pobre y excluyente».

(19/11/2015)

EMIGRACIÓN

Hace unos días recibí un mail:

«Le escribo desde Lituania. Le leo diariamente en *La Carta de la Bolsa*.

»Me ha llamado la atención su comentario de hoy (30/11/2015): "Los trece problemas de la economía española y algunos posibles paliativos – 2" (33), sobre la industria del automóvil en España. Curioso que no haya ningún proyecto como los hay y ha habido en países como Italia, Suecia, Holanda, etcétera, para fabricar coches de gama muy alta y series muy cortas. Ingenieros parece haber, experiencia industrial y de fabricación también...

»No sé, yo me fui del país con 24-25 años y ha sido no volver la vista atrás. Desde el inicio de la crisis se han venido confirmando todos mis "augurios". El país está muerto. Y además es un país en el que muchos se matan a ahorrar para salir dos semanitas al Este de Europa a correrse un par de juergas para desahogarse, pero en el que todavía se piensa que la emigración, incluso la bien planeada, es algo "malo" y que conlleva un sinfín de sufrimientos y carencias (es que como la tortilla de patatas de mama en casita, nada...)».

Mi respuesta fue:

«De una u otra manera lo que le sucede a España les sucede a todos los países: EL PAÍS, como conjunto, no tiene futuro porque ahora el acento se ha de poner en los clusters. Eso es válido para los países grandes, pero para los pequeños también: en Dinamarca y en Holanda hay zonas marginales.

»Para hacer lo que usted dice, un proyecto para un coche Premium, hay que tener tradición artesanal de calidad. España la tuvo: Hispano-Suiza, Pegaso, pero se ha perdido, y hoy sólo tiene sentido un modelo Premium vinculado a una gran marca».

A lo que me respondió:

«Totalmente de acuerdo. Viví en Suecia durante 10 años y el proceso de marginalización de una proporción notable de la población se me hizo muy evidente. La renta básica que propone es un hecho ocultado tras varios "programas".

»Ahí no estoy de acuerdo. Quizás me expresé mal y debí usar la expresión "super car". El Koenigsegg sueco no tiene aparentemente una gran marca detrás. El Spyker holandés tampoco.

»Ahora mismo estoy trabajando en la parte de propiedad intelectual e inversión de un proyecto de biotecnología relacionado con la paliación del cáncer. He presentado el proyecto a inversores suecos y españoles y las respuestas (las esperadas, por otra parte) demuestran a las claras lo que los unos y los otros tienen en la cabeza a la hora de valorar proyectos e inversiones. De ahí que piense que en Suecia y en Holanda siempre se fabricaran "super cars" o se investigará y en España la cosa no está nada clara».

A lo que le dije:

«Ya, pero esos escultores del automóvil beben en una tradición industrial, lo que no sucede en España. Si la Guerra Civil no se hubiese producido, tal vez para el Pegaso hubiese habido una oportunidad. Además, qué casualidad, tanto Suecia como Holanda son países pequeños. Es decir, es un tema de mentalidad, y eso viene de atrás.

»Y por ello la mayoría de los supercerebros se van de España».

(1/12/2015)

68

PREVISIONES

Hace unos días recibí un mail:

«Muy señor mío, al hilo de sus previsiones parece ser que el futuro próximo que nos espera es de impuestos altísimos a costa de los que trabajan para sostener a los que trabajan poco o no trabajan nada.

»La pregunta que me hago es si ello no provocará un éxodo de los más capacitados, estoy pensando en Gerard Depardieu, y si también todo esto no contribuirá a crear una masa de ciudadanos abúlicos y desmotivados. Es decir, la parálisis de nuestra civilización».

Mi respuesta:

«Impuestos altísimos, no lo creo. Pienso que los impuestos directos van a menos: a mucho menos, y los indirectos a más: a mucho más; pero la suma no va a ser mayor que ahora, sino al revés. Eso va a llevar a una caída en la recaudación, lo que llevará aparejado reducciones de gasto público y de pensiones. Obviamente, al ir hacia este escenario que estará acompañado por un desempleo estructural muy elevado y un subempleo enorme, deberá implementarse una fórmula equivalente a la renta básica a fin de mitigar la pobreza, lo que no evitará una gran desigualdad: 1/3 que según parece sí, 1/3 que en un momento dado y con limitaciones sí, y 1/3 que no.

»El éxodo, pienso, se producirá, pero no tanto por la falta de oportunidades y por los altos impuestos como porque la demanda de trabajo no alcanzará ni remotamente a toda la oferta de trabajo con cualificación idónea que habrá en el mercado. Como puede imaginar, el eje de referencia en este ámbito será la eficiencia y, ya sí, la competitividad estará basada en la productividad».

Se reflexiona sobre el tema, pero a nivel muy individual.

(3/12/2015)

69

BRASIL, MÁS

Como ya saben, tengo una amiga brasileña que reside y trabaja en Brasil. Hace unos días le escribí un mail preguntándole cómo veía la situación allí y lo que decía la calle. Su respuesta fue (como siempre no he cambiado ni una coma):

«[...] ¿que dice la calle? Sabes que cada día más me pregunto que sé yo de la calle? Llevo una vida tan llena de privilegios, tan distante de lo que pasa la mayoría de las personas que muchas veces me sabe mal opinar. Hace unos días yo hacía la manicura y las chicas hablaban de una nueva novela brasileña que se llama *A Regra do Jogo*. En un dado momento me pedirán a opinar y desgraciadamente lo he hecho: "yo no la veo, no sé porque todo lo que es película o novela brasileña tienen que meterle la favela, ya basta los noticiarios todos los días con sangre en la tele, aún tienes que tener la favela dentro de casa...". Y con rabia en los ojos me contesta la chica que me hace las uñas con un alicate: "Ya ha estado usted en una favela? Si fuera como ponen en la tele, sería el paraíso...". No tuve palabras.

»La economía pues si, fatal. Las tiendas vacías, las empresas de servicios vacías, llenos de horarios disponibles. Muchísimas placas de venta en inmuebles... La gente está con miedo. Tenemos un senador preso por primera vez, el proceso para juzgar el impeachment de Dilma tuvo inicio, no tenemos liderazgo legítimo para sucederla... Es muy complicado... Ya no sé qué es mejor. Yo pienso que Dilma tendría que romper con su partido y intentar mantenerse, pero ya no es posible. Un día dijo: "Todos conocen mis defectos, ladra no soy!". Pues tendrá 5 sesiones de la cámara para probarlo y defenderse».

Pienso que poco más se puede añadir.

(6/12/2015)

70

CLASE MEDIA

Hace unos días recibí un mail:

«El otro día leí una noticia en un diario español cuyo titular era el siguiente: "La clase media latinoamericana será tan grande como la europea en 2030" (34).

»Yo vivo en Brasil, y no veo cómo lo que dice el titular pueda ocurrir en este país. Solo faltan 14 años para el 2030.

»Para empezar, este año el PIB caerá el 3 % y está previsto que el año próximo lo haga en 1'8 %. Aunque ya sabemos cómo ocurre con las previsiones, unos pocos meses después siempre son peores de lo que se habían anunciado.

»Octubre de 2015 ha sido el 2.º mes en el que cae el precio de la vivienda, y según el siguiente artículo (en portugués), en 2016 los precios volverán a ser los de 2011. Podemos imaginar lo que les espera, teniendo en cuenta lo que ha ocurrido en España, y esto no se arregla en tres días.

»"Em 2016 seu imóvel voltará ao preço de 2011, diz FipeZap" (35).

»La inflación este año será del 10 % y el año próximo sera del 7 %. A mi mujer, que es profesora del estado, le dijeron que este año no les ajustarían el salario a la inflación, aunque parece que sí que lo harán finalmente, pero no todo lo que debería ser. Por lo tanto, este colectivo se empobrecerá, y supongo que a los otros colectivos les pasará lo mismo.

»La deuda del país es cada vez mayor, y si la Fed sube los intereses, como se está publicando últimamente, la deuda crecerá todavía más.

»Y para terminar, todas las noticias nos hablan de una pérdida de puestos de trabajo y disminución de los salarios como consecuencia de los avances tecnológicos.

»Con todas estas reflexiones me pregunto cómo América Latina puede conseguir una clase media como la de Europa. Si en los primeros 15 años de este siglo en que ha crecido a cifras muy altas no lo ha conseguido, ¿cómo lo hará en una situación de estancamiento económico o de crecimiento bajo? A no ser que lo consiga porque la clase media de Europa siga empeorando hasta situarse en las cifras de la clase media de Latinoamérica, lo que me parecería una broma pesada.

»¿Usted qué opina?».

Mi respuesta:

«El quid de la cuestión es saber qué se entenderá en 2030 por "clase media", en Latinoamérica y en Europa. Hoy la "clase media europea" es una figura retórica porque poco tiene que ver la española con la danesa o la portuguesa con la alemana; más aún, en Italia, muy poco tiene en común un miembro de la clase media de la región de Apulia con uno de la de Lombardía. En consecuencia, hablar de clase media latinoamericana... Pero hay más.

»Aunque en los años veinte existía una clase media en Inglaterra, muy minoritaria, el concepto de clase media nace en Europa tras la Segunda Guerra Mundial y nace asociado a tres elementos: el pleno empleo del factor trabajo, la puesta en marcha del modelo de protección social, y la existencia de un sistema de libertades civiles representado por la existencia sin restricción de partidos políticos y de sindicatos obreros. Y todo ello debido a una necesidad: crear un colchón entre la clase alta —que seguía siendo la de toda la vida— y una clase baja que, eso se buscaba, fuese lo menor posible; un colchón que diluyese las tensiones que propaganda inconveniente pudiera generar en el entorno de Guerra Fría en el que el planeta se hallaba inmerso.

»Esa clase media se fue expandiendo por Europa, Canadá y Japón; en USA apareció una figura rara, ya que allí el modelo de protección social fue siempre por detrás del europeo y nunca las políticas redistributivas alcanzaron la dimensión de las europeas, pero también puede hablarse de una clase media en USA Luego, en Buenos Aires, Montevideo, La Habana antes de la Revolución, Bahía, Santiago, y en algunas ciudades más de Latinoamérica, pueden identificarse núcleos de personas equiparables a la clase media europea, pero en ningún país latinoamericano puede hablarse de la existencia de una clase media como tal: en Brasil, la distribución de la renta a principios de los 2000 era prácticamente la misma que la existente en los años treinta. (Le sugiero que lea el capítulo sobre Latinoamérica de la edición argentina de mi libro *El Crash del 2010*).

»Ahora demos un salto en el tiempo y situémonos en el 2030. Ese año la mayoría de lo que hoy conocemos por "modelo de protección social" pienso que habrá desaparecido en Europa porque ya no será necesario: no habrá que calmar a ninguna clase obrera reivindicativa y no será financieramente sostenible: las bases sobre las que se recauda habrán caído como consecuencia de un creciente desempleo estructural y de un subempleo subremunerado. Por otro lado, en 2030 puede admitirse que la renta básica estará totalmente implementada en Europa (también en Canadá, Japón, y USA, Corea y Singapur aunque de forma limitada. Bien, en ese escenario, ¿de qué clase media puede hablarse? Pienso que de ninguna o de algo muy, muy estrecho entre una élite y una mayoría superviviente. (Si me suele leer con regularidad en *La Carta de la Bolsa*, ya conocerá mis argumentos en relación a la Sociedad 1/3).

»Latinoamérica se halla hoy lejísimos de un entorno en el que pueda decirse que existe algo parecido a la actual clase media europea, pero además, Latinoamérica, en lo fundamental, continúa teniendo una estructura económica muy parecida a la que tenía a mediados del siglo XX: la totalidad de los países latinoamericanos tienen una economía mayoritariamente de monoproducto o de biproducto constituidos por commodities, que se mueven en unos mercados que los productores no controlan. Pienso que esa situación difícilmente va a cambiar en las próximas décadas.

»Es decir, lo que pienso que va a suceder es que en Europa la clase media va a tender a la desaparición, y en Latinoamérica no va a tener posibilidad de eclosionar».

(9/12/2015)

ADMINISTRADOR DE CONSORCIOS

Hace unas semanas recibí un mail que se me quedó traspapelado.

«En otras ocasiones ya le escribí comentándole que viví en España en el periodo 2002-2010, soy argentino actualmente resido en la ciudad de Buenos Aires y trabajo un taxi que tengo en propiedad.

»Por temas personales y también porque mi padre posee algunos pisos en capital federal, decidí a principio de este año tomar el curso de "Administrador de Consorcios" (en España sería administrador de fincas).

»En principio mi idea era poder colaborar en uno de los edificios donde se produjeron serios desequilibrios económicos producto de malas decisiones y también de la falta de interés de los mismos propietarios, que se traducen básicamente en dejar de pagar las cuotas de la comunidad, no acudir a las reuniones, no acercar propuestas para paliar la situación e inclusive formar grupos para boicotear al administrador de turno. De esta manera se forman círculos viciosos que son difíciles de cortar...

»Y es aquí en donde me doy cuenta que la comunidad de vecinos es... el microcosmos de una sociedad!

»Y no solo eso, sino que esto pasa en otras latitudes como por ejemplo la de España: "Mi vecino no paga a la comunidad" (36).

»Y aquí viene la bomba... En España las entidades financieras deben 445 millones de euros, un 5 % más que en el ejercicio anterior, dice un diario, y en su mayoría son pisos que se quedaron los bancos y que tienen vacíos...

»Supongo que como corporaciones, podrán hacer literalmente lo que les venga en gana... pero bancos debiendo comunidad? wow!

»En Argentina no tengo datos de bancos que deban cuotas de comunidad, pero tampoco se dio el tipo de burbuja que tuvo lugar en España.

»No llegue a administrar de forma directa ningún edificio, solo estuve en el Consejo de uno de ellos... fue una experiencia desagradable... creo que debe ser lo mas parecido a hacer política... mi intención era ayudar a encaminar las cuentas, buscar presupuestos económicos para cosas tan elementales como arreglar una filtración en la terraza del edificio... me encontré con gente que vive en planta baja y desconocía el "Reglamento de Copropiedad" y decían que "a ellos no les correspondía aportar en el gasto de la terraza... ya que ellos no tienen"

»En fin, termine tan asqueado que renuncie a mi función de consejero después de haber invertido parte de mi tiempo para solucionar problemas del conjunto de propietarios a cambio de ninguneos y reproches...

»No estoy muy seguro si en algún momento ejerceré como administrador de consorcios, se que hay trabajo porque la rotación es alta... pero el estrés también lo es... te pueden llamar a las 4 de la mañana porque el vecino de arriba esta montando una fiesta, o porque le tiraron una colilla de cigarrillo, cuando no condones usados a el patio de su vivienda... imagino que problemas muy similares se darán en las comunidades de vecinos de España... y de otros lados del mundo también...

»En Argentina estamos a la puerta de un cambio de gobierno en toda regla... Usted lo dijo en varias ocasiones, esta vez gano Macri pero si hubiera ganado Scioli... ¿haría cambios muy distintos al del presidente electo?

»Tanto la administración de un país como la de un edificio (salvando las distancias) tienen en común algunos factores... ahora la gente prefiere depositar las esperanzas de que el que viene arregle todo el desaguisado... lo veo difícil...».

Mi respuesta fue:

«Sí: es un fenómeno que ha adquirido una cierta dimensión: el impago de cuotas de comunidad por parte de entidades bancarias que, o bien son propietarios de viviendas "adjudicadas" (eufemismo legal para "viviendas traspasadas por constructores por imposibilidad de impago"), o bien se han hecho cargo de viviendas embargadas a particulares que no pueden pagar la hipoteca. Y es un fenómeno curioso porque saben que van a tener que pagar, aunque, claro, esperarán traspasar la deuda a un futuro comprador.

»Una comunidad de vecinos se parece a un país..., pues sí. (Ahora calcule lo que puede ser, si se lleva a cabo, un proyecto japonés para construir un edificio para cien mil residentes). En teoría tiene que haber homogeneidad de tipologías de vecinos en un mismo inmueble, pero...

»Pues sí, tanto uno como otro tenían que tomar decisiones parecidas porque los problemas están ahí y, por ejemplo, la inflación no entiende de colores políticos. No sé si ha visto esto: "Macri trata de evitar que su Gobierno arranque con un conflicto social" (37).

»Pero pienso que los principales problemas de Argentina —y que son comunes en gran medida a otros países latinoamericanos— son: 1) tener una economía muy dependiente del exterior, y 2) tener una economía muy basada en una o dos commodities.

»El nuevo gobierno lo va a tener complicado y debe evitar a toda costa que el dólar acabe desplazando al peso.

»Si piensa que la profesión de Administrador de Consorcios tiene posibilidades, adelante: usted conoce el mercado».

Para meditar.

(10/12/2015)

72

TASA DE GANANCIA, MÁS

Hace unos días recibí un mail:

«El interesante artículo de *El Mundo* que enlazó en su columna del 30 de Diciembre, "Tasa de ganancia" (38), es cada vez menos novedad. Lo vamos viendo ya en la vida cotidiana: gasolineras, cajas rápidas de supermercados, Amazon y demás.

»De lo que no se habla tanto es del EFECTO DERRUMBE que va a tener la informatización/robotización en el bajón de la demanda: los trabajadores sustituidos lógicamente irán consumiendo menos y menos (¿quien les va a dar crédito?). Incluso antes de ser sustituidos ahorrarán (los que puedan) y ahorro también es consumo detraido.

»Los "supervivientes" (no me refiero a los megacracks que suele comentar usted) trabajarán para cubrir una demanda a la baja prácticamente en todo salvo en productos de lujo. Posiblemente lo hagan con una modalidad contractual del tipo Contrato Cero Horas británico.

»¿Se ha cuantificado ese EFECTO DERRUMBE de alguna forma y alguna vez?».

Mi respuesta fue:

«El aumento de la productividad busca, entre otras cosas, paliar eso. Al crecer la productividad los costes caerán, por lo que los precios de los bienes de primera necesidad disminuirán y así podrán ser accesibles a una parte de la población que tan sólo tendrá acceso a la renta básica o a vías similares: food stamps...

»Pero el aumento de la productividad no se detendrá ahí. La producción aditiva permitirá aumentar la eficiencia hasta cotas hoy inimaginables, por lo que los costes de producción de la mayoría de bienes se derrumbarán, teniendo en cuenta que el consumo de inputs se reducirá a lo esencial; a eso habrá que añadir procesos productivos mucho más eficientes en su conjunto (que reducirán la contaminación).

»El consumo de bienes de lujo también bajará en proporción, porque el número de posibles consumidores tenderá a reducirse y quienes de verdad puedan consumirlos tienen un límite físico de consumo: independientemente de la riqueza que se tenga es absurdo pensar en tener un número ilimitado de Ferraris o de joyas de Bulgari. En cualquier caso estamos hablando de poco más del 0,1 % de la población.

»En esa Sociedad 1/3, la renta media de la mayoría será baja por lo que los bienes y servicios a los que tendrán acceso por fuerza tendrán que ser baratos, independientemente de que la cantidad que podrán consumir también lo será. Cierto es que sus necesidades disminuirán ya que el transporte (colectivo) se abaratará y la mejora de las comunicaciones hará innecesarios gran parte de los desplazamientos actuales, pero estamos hablando de una población pobre en relación a los standards actuales.

»Nuevamente pienso que podrá evitarse la caída de la tasa de ganancia: la bajada de costes por el aumento de la productividad y la creación de grandes conglomerados dependientes de corporaciones generará economías de escala, lo que puede permitir el aumento de los márgenes netos unitarios que, aunque menores, vendrán compensados por el crecimiento de las cuotas de mercado».

Posiblemente volverán a aparecer autores que dirán que Marx se ha vuelto a equivocar.

(26/12/2015)

73

LOS OTROS NI-NIS

Recientemente recibí un mail:

«Comentando su artículo "Ni-Nis" (39) de la *LCDB* de hoy con un amigo de la familia, me ha escrito lo siguiente (aclarar que esta persona ronda los 55 años y ha sufrido un ERE recientemente):

»Hoy hay un movimiento que se llama JUVENTUD SIN FUTURO, caldo de cultivo de partidos como PODEMOS. Son gente con titulación, con idiomas y bastante preparada que no encuentra trabajo. Termina marchándose al extranjero, donde si encuentra trabajo, no es de lo suyo. Sin embargo, hay algo que también está pasando y que no veo reflejado en ningún discurso político o apenas. Yo lo llamo CINCUENTONES SIN FUTURO. Gente que rondamos los 30 años de cotización y que ahora resultamos caros, recuerda, antes Sí se subían los sueldos (aunque poco) y ahora tenemos sueldos decentes y resultamos caros.

»Ahora somos víctimas de ERES indiscriminados cuando lo único que hemos hecho es trabajar.

»No volvemos a encontrar trabajo, nadie contrata ya a un cincuentón, somos víctimas de esta crisis y de la reforma laboral en la que las empresas han encontrado la panacea para quitarse gente y los nuevos partidos hablan y hablan del paro juvenil y de los más desfavorecidos, cosa que desde luego tienen que hacer. Pero nos sentimos los grandes olvidados.

»Ahora, nos reinventamos, nos convertimos en emprendedores

sin fuerza para poder seguir teniendo la cabeza ocupada. Se consiguen algunas ofertas gracias a que nos conocen, y segumos adelante. No es mi caso solo: conozco unos cuantos, unos cuantos muchos.

»CINCUENTONES SIN FUTURO, recuerda, nadie nos nombra».

Mi respuesta fue:

«Los Ni-Nis no son sólo jóvenes muy preparados, también hay jóvenes que arrastran un fracaso escolar desde la época de la ESO, una gran parte de ese fracaso escolar generado en la época del "España va bien", porque se sentían atraídos por una construcción insostenible. Y también: hay una población desempleada que lo tiene muy, muy difícil y que tiene que verse en situaciones como la que usted apunta».

Ya lo hemos comentado en otras ocasiones: existe un desconocimiento muy generalizado en relación a la realidad social que el uso creciente de las tecnologías y el desempleo estructural consecuente está redibujando. Y no debería ser así.

(28/12/2015)

74

SOCIEDAD 4.0

Industria 4.0, ya, pero no sólo es eso porque la realidad se configura a partir de unas actividades que encuadramos bajo ese título genérico de «Industria 4.0», pero las trasciende porque afecta a la sociedad en su conjunto.

Hace unos días recibí un mail:

«Hola profesor. Ya le he escrito varias veces preguntándole cosas acerca de la función pública [...] en relación a mi profesión (maestro de escuela). En relación a las TICs y mi profesión le quisiera preguntar. Usted ha escrito entre finales del año pasado e inicios de este 2016 varios artículos refiriéndose no pocas veces a la automatización de muchos trabajos y la tecnologización de los mismos (un familiar está trabajando en una empresa procesadora de alimentos y ya está sufriendo tal cosa, al automatizar casi toda la empresa el 75 % de su plantilla ha ido a la calle, la mayoría de los jefes de línea también y los que han quedado vuelven a ser trabajadores "rasos", a la espera de que los echen, al igual que mi familiar) y quisiera saber si el trabajo de maestro de escuela acabará siendo uno de esos trabajos que las Nuevas Tecnologías acabarán sustituyendo.

»Yo pienso que sí, que se pueden crear programas informáticos donde se puedan acceder a las asignaturas instrumentales, y que incluso las editoriales podrían llegar un día a prescindir totalmente de los libros formato papel. Es más, los últimos cursos formativos que he hecho ya eran un 70 % online y el resto presencial (la parte presencial totalmente supeditada a la online, curiosamente). Sí que me gustaría que me aclarara si el trabajo de maestro de primaria acabará o no siendo sustituido por Nuevas Tecnologías, yo, personalmente pienso que sí».

Mi respuesta fue:

«Suprimir los libros impresos, sí, seguro. Eliminar la profesión de enseñante/educador/maestro... De momento no lo veo porque hasta los dieciséis años no sólo se enseñan contenidos sino también una formación basada en actitudes, para lo que se necesitan cosas como proactividad, empatía, etcétera. Ahora bien, en un horizonte de veinte años, cuando la inteligencia artificial de segunda generación se haya desarrollado, no lo sé. Trabajos como los de su familiar, sí, sin lugar a dudas: cada vez en mayor número porque la tecnología se torna cada vez más sofisticada, por lo que puede realizar un mayor número de tareas y, a la vez, su precio se reduce, y por eso se puede aplicar a actividades generadoras de menor valor».

Insisto de nuevo: los cambios que están trayendo las crecientemente más sofisticadas tecnologías van a ser enormes, e inconmensurables sus consecuencias, pero de eso no se está diciendo prácticamente nada, ni comentando casi nada, ni preparando a la población; tan sólo se repite que con «formación se conseguirá el encaje social»; lo que es absolutamente falso.

(7/1/2016)

PRESIÓN FISCAL

Presión fiscal y estrujamiento fiscal.

Hace unos días recibí un mail, hablaba sobre impuestos:

«En varios de sus artículos menciona que España tiene una presión fiscal baja con respecto a otros. Puede que sea baja con respecto a países del centro-norte europeo. Pero no es una presión fiscal baja, es alta. Le fundamento mi razonamiento desde el punto de vista de un miniempresario pensando en contratar un empleado (redondearé las cifras, estas son solo orientativas):

Costes anuales para el empresario:

Salario bruto de baja cualificación	15.000 €
IRPF (9-10 %)	1.500 €
SS por parte del trabajador 6,4 %	960 €
Salario Neto	12.540 €
SS por parte del empresario 38 %	5.700 €
Incapacidad temporal 1 %	150 €
Cursillos seguridad y Salud	300 €
Extra de gestoría	600 €
Bajas +/−8 % extra SS + cursillos + gestor	540 €

Coste para el empresario: 22.290 €

Producción mínima del trabajador = 22.290*1,21

(21 % iva) = **26.971 €**

Lo que paga, como mínimo y sin beneficios para el empresario, el cliente por el esfuerzo del trabajador.

Lo que recibe en la mano el trabajador:
Salario Neto 12.540 €

Con ese salario, el trabajador comprará productos y servicios que también están afectos al iva, consideremos un tipo intermedio del 16 %.
Salario neto <u>menos ivas pagados</u> 10.810 €

»Así, mientras que el trabajador tiene que conseguir "producir" 26.971 €, puede comprar productos y servicios por 10.810 €. Al trabajador le llega el 40 %. Entre retenciones, SS, ivas e imposiciones, el trabajador pierde el 60 % de lo que produce al empresario. Si ya metemos en el cálculo IBIS, tasas e impuestos varios, todos enfocados a "igual que Europa", seguramente al trabajador le queda poco más del 30-35 %. Un coche de gama media y alta potencia paga 6.000 €/año de impuesto de circulación en Bélgica, a eso se dirigen las subidas de impuestos y tasas "como en Europa".

»Otros países puede que tengan un sistema fiscal peor, pero no es lo mismo sufrir un 60 % de pérdida sobre un salario de 54.000 €/año que sobre 27.000 €/año.

»Además si con el paso de los años ese trabajador consigue comprar una propiedad,o tiene unos ahorros en el banco, llegado el día que su descendencia lo herede, le tocará pagar el correspondiente impuesto de sucesiones (altísimo en Andalucía).

»Y si, como usted comenta en sus artículos, cuando en el ejemplo el producto final no puede ser vendido a 27.000 € + x % de beneficio, muchos trabajos son sin declarar o directamente no son (20 % de paro)».

Mi respuesta:

«Presión fiscal es el porcentaje que los ingresos fiscales representan sobre el PIB, en una definición aceptada internacionalmente, y en ese sentido la presión fiscal en España es baja en relación a otros países: "La presión fiscal subió en España en 2014 más del doble que en la OCDE" (40), eso es incuestionable, pero lo que es cierto es que el ciudadano medio no cesa de quejarse de que "paga muchos impuestos" y de que su dinero "cada vez le alcanza para menos". ¿Qué está mal? Nada. Lo que sucede es que el concepto de presión fiscal es un concepto macro y global y las manifestaciones del ciudadano medio son micro y local.

»El PIB español está constituido por bajo y medio añadido, es decir, las bases imponibles —las rentas de todo tipo— a que eso da lugar son bajas; pero los entes fiscales tienen que recaudar, luego los tipos impositivos fijados son elevados, lo que, por parte de quienes son poco colaborativos, tiene como réplica el fraude fiscal, y por parte de quienes pueden, tiene como réplica ciertos instrumentos de reducción fiscal legales como las Sicavs. El resultado es una recaudación fiscal baja (e insuficiente) pero a la vez la sensación de que se está aplastado por impuestos depredadores. Todo lo anterior se resume en una idea: España es un país pobre que recauda poco pero que exprime fiscalmente a sus ciudadanos.

»(Como ejercicio, si tiene tiempo, compare el estándar de vida: PIB per cápita, nivel de servicios públicos, salario mínimo, nivel de ahorros... y la desigualdad de los países que tienen la presión fiscal más alta que España, con los datos que dan esos mismos parámetros en España)».

Hagan ese ejercicio: los países con mayor presión fiscal que España tienen mejores estándares de vida que España... porque producen bienes y servicios de mucho mayor valor por lo que las rentas son mayores y, aunque los tipos impositivos puedan ser menores —y debido a que el fraude fiscal es muchísimo menor—, la recaudación es más elevada y la ciudadanía de esos países vive mejor. España es un país pobretón; y Dinamarca, Noruega y compañía no lo son. (Lo que no quiere decir que en España no haya superricos ni que en esos países no haya pobres; aunque ser pobre en Noruega es menos malo que en España: ¡hasta en eso!).

(8/1/2016)

EL FACTOR TRABAJO HOY

Un lector me remite estas dos noticias:

«El cierre de Alstom de Buñuel dejará a 103 trabajadores en la calle» (41);

«TRW anuncia despidos y rebaja de condiciones para que "la planta no cierre y sea competitiva"» (42).

Y acompaña su mail con un comentario en el que distingue entre la crisis que está afectando a todo el planeta en su conjunto, por un lado, y por otro de qué manera las grandes compañías están viviendo y abordando esa crisis hasta adaptarla y converirla en «su» crisis, que es la que están resolviendo.

Mi respuesta:

«Es que el trabajo hace ya tiempo que es una commodity como el cobre o el maíz, algo con lo que se negocia y que entra como ellas, y con su misma consideración, en el cálculo de costes. Es decir, si para fabricar x piezas en un año hacen falta 1 Tm de cobre y 30.000 horas de trabajo, se aplicará el mismo tratamiento a los posibles proveedores de cobre que a los de trabajo, que son los trabajadores. Con esos posibles proveedores de cobre se negociará muy duramente, contemplando precio del material, condiciones de entrega, características de facturación, plazo de entrega, precio del embalaje y del transporte, etcétera. Con los del trabajo es mucho más simple porque hay sólo tres variables en juego (doy por supuesto que la relación con esos trabajadores se realiza siguiendo todos los cauces legales): el número de trabajadores, la distribución de las horas de trabajo y el precio de ese trabajo.

»En otras palabras: hoy se le da el mismo tratamiento a 1 kg de cobre que a una hora de trabajo debido a que el hecho de que esa hora de trabajo la genere una persona es puramente circunstancial: si lo hiciese un robot, nadie pensaría en ello; luego, partiendo de ahí, lo que se expone en esas noticias que me adjunta es totalmente lógico.

»Hasta hace unos años, pocos, el trabajo se asociaba a la persona que lo desempeñaba, por ello un puesto de trabajo siempre se identificaba con una cara; pero eso ha dejado de ser así y menos así va a ser en el futuro.

»Una unidad productiva necesita tantas horas de trabajo y define unas características que tienen que cumplir quienes las desempeñen. Durante cinco años, cinco meses, cinco días o cinco horas; y además define si en el desempeño tienen que producirse cambios y ajustes, es decir, el nivel de flexibilidad interno. Ofrece unas condiciones en función de la oferta existente, y a otra cosa... Se ha desvinculado el trabajo de la persona, del nombre, del rostro, y se comercia tan sólo con habilidades relacionadas con un tiempo de utilización y un entorno. Llegados a este punto, el trabajo se ha convertido en una commodity».

Vuelvo a hacerlo: recomendar la lectura de *El fin del trabajo*, Jeremy Rifkin (Paidós).

(15/1/2016)

EMIGRACIÓN A FRANCIA

Hace unos días recibí un mail:

«[...] Siempre hay quien dice que el pueblo (en sentido amplio) no está preparado para conocer ciertas cosas aunque, en realidad, las sufrimos todos los días.

»Por cierto, soy uno de esos parados que ya no está en las estadísticas de España porque he encontrado trabajo en Francia, en [nombre de una localidad francesa]. Para nuestros gobernantes soy uno más de esos que computan como "movilidad exterior". Podría decirse que estoy estudiando un master en conducción de transporte público para luego volver a mi ciudad natal [nombre de una ciudad española] y compartir todo lo que haya aprendido fuera.

»La realidad es que a mis 50 años he encontrado la que, probablemente, sea mi última oportunidad laboral, que estaba al norte de los Pirineos porque en una ciudad tan abierta como [nombre de la ciudad española referida] no había nada para mi. Mi experiencia laboral y mi conocimiento de lenguas extranjeras (francés alto e inglés medio), no ha servido de mucho en España pero sí ha sido valorado en Francia. ¿Acaso los galos se han vuelto locos?».

Mi respuesta:

«Sobre su marcha al extranjero: que quede claro que usted es un emigrante. Toda la caída del paro que se produjo en España en

2015, toda, se debió a la reducción que experimentó la población activa, en parte por la emigración, en parte porque personas desempleadas abandonaron el mercado de trabajo al no encontrar trabajo alguno a pesar de buscarlo. Y el 85 % del empleo que se creó fue temporal y a tiempo parcial. O sea que...

»Pues no, los franceses no se han vuelto locos, lo que sucede es que la tasa de desempleo en Francia es del 10,5 % (y M. Hollande la considera "insoportable"; ¿qué debe de pensar de la de España?) por lo que tiene lógica que haya tenido usted fuera de aquí oportunidades que en [nombre de la ciudad española citada] no ha tenido. Y lo de saber idiomas, sí, es esencial, pero para que sea un activo tangible el saber idiomas ha de haber demanda de trabajo para personas que sepan idiomas: si no la hay, de nada sirve que quien hace la oferta de trabajo sepa muchos idiomas.

»¿Volver? Sinceramente no sé si volverá, a no ser que tenga aquí algo que le atraiga, que le llame: no veo que las cosas vayan a cambiar tanto como para que dentro de unos años vaya a tener una oferta de empleo que no tuvo cuando decidió irse. Y tampoco veo que en Francia vayan a degradarse tanto las cosas que le lleven a perder el empleo que ahora tiene. Además es usted europeo occidental, y sabe francés.

»Y respecto a lo que dice sobre la preparación de la ciudadanía para entender la realidad, me recuerda aquello que se decía durante el franquismo, eso de que el pueblo español no estaba preparado para la democracia. Es cierto que en economía hay conceptos complejos, pero le aseguro que, utilizando el lenguaje apropiado y los razonamientos propicios, cualquier cosa puede ser explicada de modo que sea entendida; en consecuencia...».

Pues eso.

(20/1/2016)

78

LOS MODELOS NUEVOS

Recientemente recibí un mail:

«Soy un ocasional lector de sus artículos en *La Carta de la Bolsa*. Desde hace años (muchos) le voy siguiendo. Debo decirle que coincido con usted en muchas de sus apreciaciones, en realidad podría decir que casi en todas, pero hay una de la que discrepo especialmente o quizá esté equivocado por estar dando yo por supuesto cosas que usted no ha dicho. La opinión de la discordia en realidad nada tiene que ver con la economía, tiene que ver con el comportamiento humano y es la que se refiere a la construcción del nuevo orden mundial, lo que usted llama el nuevo modelo. Sus planteamientos me hacen suponer que usted piensa que hay alguien, un ente quizá formado por un grupo de individuos o grupo de lobbies u organización de algún tipo que marca el camino a seguir según una aparente estrategia más o menos planificada (desconocida por el gran público) de acuerdo con sus propios intereses, manejando los resortes del poder de tal manera que a medio o largo plazo se garantice que siga arrimada el ascua a su sardina. En resumen y simplificando, el nuevo modelo va a ser diseñado por alguien.

»Si es así, no estoy totalmente de acuerdo. Como usted, yo creo que viene un nuevo modelo, una nueva forma de hacer y valorar las cosas (el trabajo, las personas...), pero el nuevo modelo, pienso, no va a ser diseñado por nadie, ni siquiera creo en la existencia de un estratega que influya para ir hacia un modelo. Pienso que el modelo no va a ser otra cosa que el resultado de una pugna, de una guerra de intereses de alto nivel, no de una estrategia pensada ni mucho menos un producto de diseño. Es más caótico, mucho más incierto... e inestable y por tanto, precario. Siempre a sido así, lo que pasa (sospecho) es que ahora el mundo se está quedando pequeño y quedan menos cosas con las que distraer a quien conviene que esté distraído.

»Recuerdo un documental en el que hablaban del cambio climático, un científico de renombre (del que no recuerdo el nombre ni el peso de su opinión) dijo algo que me llamó la atención con respecto al comportamiento del ser humano ante la posibilidad de cambiar de rumbo al saber que se están haciendo cosas que le llevan a su propia extinción. Este científico afirmaba con rotundidad y con cierta desazón que los cambios de rumbo de la humanidad, cuando esta se dirige hacia un precipicio, siempre se producen después de haber cruzado varias líneas rojas. Nunca antes, aún sabiendo su existencia y consecuencias. Los cambios de rumbo de la humanidad no son fruto de una estrategia planificada. En este sentido, afirmaba que esperaba que cuando la humanidad decida cambiar de rumbo no sea demasiado tarde para ella y que sin duda habrá dejado muchas cosas irrecuperables y de valor en el camino por el hecho de haber cruzado esas líneas rojas a sabiendas... quizá el propio futuro de la humanidad. Este es el reto al que nos enfrentamos.

»A pesar de lo Apocalíptico que resulta el párrafo anterior, sí encierra algo sobre la manera de comportarse la humanidad ante determinado tipo de crisis. Pienso que la que estamos viviendo bien puede ser dirigida por este tipo de comportamientos: no hay estrategia, no hay planificación, no hay anticipación... sólo el resultado de una lucha de intereses que ante un cambio se preguntan "¿qué hay de lo mío?" y actúan en consecuencia y en función de sus posibilidades para salvaguardar "lo suyo" y de paso hacer suyo lo que puedan de los demás. Eso sí, guardando las apariencias que cada época exige. El resultado no tiene porqué ser lo mejor para el conjunto. El resultado va a ser algo a lo que el conjunto deberá adaptarse, aunque posteriormente se estudie en las escuelas de negocios como algo planificado inteligentemente por alguien.

»Es obvio que una vez se ha asegurado cada uno "lo suyo" se pretenda una estabilidad... el nuevo modelo».

Mi respuesta fue:

«Si usted se refiere a que yo pienso que un grupo de personas todopoderosas cuyos rostros no aparecen nunca en los medios se reúnen en salas situadas en las nubes de edificios altísimos o en islas inexpugnables de archipiélagos remotos a fin de diseñar estrategias para maximizar a sus intereses, no, no pienso que eso suceda. Lo que pienso que sucede es otra cosa.

»Tras la crisis de postguerra que siguió a la I GM, la productividad comenzó a crecer mucho en USA, una productividad que entonces estaba orientada a incrementar la producción, lo que se tradujo en un aumento muy fuerte de la oferta (nada en comparación con la actualidad, pero muchísimo entonces). La ocupación aumentó, pero como el modelo era muy poco flexible, aunque se concedieron cuantiosos créditos a granjeros, empresas industriales y familias, oferta y demanda no acababan de cuadrar. Los Felices Veinte (mucho más un título que una realidad) derivaron hacia una creciente especulación bursátil e inmobiliaria. Los descuadres fueron a más, hasta que el 24 de octubre de 1929 empezó un proceso que desembocó en la Depresión. El modelo que se puso en marcha tras la crisis de 1873 se había agotado porque la realidad de finales de los veinte no cabía en un marco diseñado cincuenta años atrás.

»Durante la Depresión hubo millones de familias que se empobrecieron, pero unas cuantas aumentaron mucho su riqueza: aquellas que habían controlado los pilares económicos desde 1890 y que eran propietarias o copropietarias de conglomerados productivos, financieros y logísticos; y serán los mismos nombres que en la década de los treinta trazarán las tendencias del nuevo modelo que se implementará a partir de mediados de los años cuarenta. ¿Por qué? Pues porque tienen el poder que confiere el capital y la información que saben leer en la Historia: en los años treinta era impensable reimplantar la explotación obrera habida en la primera mitad del siglo XIX porque la Historia había superado eso. Con la tecnología entonces existente y con la fuerza económica del Estado, había que —porque era posible hacerlo— ocupar a la población, y pagarle salarios más elevados, y diversificar la oferta y producir más y recaudar más impuestos y dar protección social a la población... Y era posible hacerlo porque la dinámica Histórica impelía a hacer eso del mismo modo que el siglo XVI impelió a la expansión atlántica de España y Portugal; y como era posible hacerlo y había que hacerlo, se hizo, pero se hizo siguiendo unas líneas maestras trazadas por los poseedores del capital; y el mundo fue mayormente bien. ¡Hasta África creció durante aquellos años! Pero a mediados de los setenta esos conglomerados, esos poseedores del capital, se preguntaron si podían hacerse las cosas de otra manera a fin de aumentar sus beneficios y las cotizaciones en bolsa de sus acciones y las de sus empresas, y la respuesta fue afirmativa; y ahí empezó un cambio que ha llegado hasta nuestros días, hasta que en 2007 se manifestó el agotamiento del modelo. Y vuelta a empezar, aunque no sea empezar donde se habían dejado las cosas.

»El punto de atención lo marca hoy la tecnología: robótica, wetware, tecnogenética, producción aditiva, comunicación de todo con todo... La dinámica histórica está diciendo que un nuevo modelo es necesario; y en eso se está. ¿Los mismos nombres que antes? Puede, pero no tiene porqué. La siguiente —ya ésta— pienso que va a ser la era de las corporaciones, de la tecnología aún difícil de imaginar, la de la eficiencia; y el modelo que esas corporaciones están diseñando, y que luego los políticos aplicarán en forma de leyes, va por ahí. ¿Líneas rojas?, no creo. Bastante de prueba y error, sí.

»No hace falta que nadie se vaya a una isla inaccesible. Lo que tenga que hablarse puede hablarse en una conferencia vehiculada por un satélite propio».

(3/2/2016)

79

EDUCACIÓN, FORMACIÓN, CUALIFICACIÓN

Hace unos días recibí un mail de un lector:

«[...] En relación a su escrito de martes 26 de enero de 2016, titulado "Sociedad 4.0" (43), en el que incluía un mail de un maestro y su respuesta, me gustaría hacer algunas observaciones.

»Desde luego el asunto este de la educación es uno de los más graves, por no decir el que más, a los que se enfrenta el mundo ese en el que estamos entrando. Quiero aclarar que es un sector que siempre me ha inquietado porque tengo muchos amigos y familiares que trabajan en él, por mis propios hijos adolescentes y porque yo mismo fui profesor de secundaria. En su día decidí no seguir en ese trabajo, entre otras razones, porque el grado de desinterés de los alumnos, aunque comprensible entre otras cosas por el sometimiento al encierro y confinamiento, me desmoralizaba. ¡Y fue hace 18 años!. Hoy la situación es mucho peor.

»El temor del maestro que le escribe de ser sustituido por las TICs, no se va a dar jamás, al menos en lo que queda de siglo, ya que la función de la escuela moderna (la de hoy día, no la de Ferrer y Guardia), no es impartir conocimientos, hace mucho que claudicó de ese fin. La escuela actual, a mayores de ejercer como guardería, tiene la función de destruir la esencia humana y para eso se necesitan personas que lo ejecuten. Lo que un niño aprende por encima de todo desde sus 3 añitos es a no moverse quedándose quitecito en su pupitre disciplinado y receptivo, no hacer nada que no le hayan mandado y a no hablar. Es decir reprime las cualidades humanas esenciales: la movilidad y por tanto la agilidad y habilidad manual, la creatividad y el dominio del lenguaje (es extremadamente preocupante el deterioro en este sentido, balbucear expresiones simples en varios idiomas no tiene nada que ver con el maravilloso uso del vocabulario para expresar ideas y emociones)

»A la luz de sus libros, de sus posts diarios y de la constatación de la realidad en la que estamos, todos los planteamientos que se hacen de las posibles reformas de la educación, hasta las de los más ilustres filósofos, a mi juicio están en la inopia. Eso de intentar crear un sistema educativo de excelencia como alguna propuesta de las que he oído es un error garrafal. Y es que en esas propuestas ¿bienintencionadas?, no se tiene en cuenta la cruda realidad en la que estamos ya, hoy día: al margen de los manipulados datos de paro, y a la luz de la demografía, en España hay unos 33 millones de personas entre 18 y 65 años, de los cuales cotizan a la SS unos 17 millones, es decir que podemos inferir que de los niños que a día de hoy están sentados en los pupitres, casi el 50 % no va a trabajar nunca. O si seguimos su diagnóstico de la sociedad de los 3 tercios, podríamos asegurar que de esos niños, al menos un tercio no va a trabajar nunca, otro tercio va a tener trabajos precarios toda su vida y otro tercio quizás con suerte pueda llegar a tener un trabajo medio estable. Crear un sistema educativo de excelencia, aunque sea en formación profesional, es condenar a esos niños a una vida frustrada, pues se han educado bajo unas premisas, (o promesas) que no se van a poder cumplir.

»Por tanto a mi juicio, una reforma educativa acorde con los tiempos debería asentarse sobre el pilar de la autonomía personal, dejando abierta la posibilidad de que cualquiera que tenga el grado de motivación y la capacidad (actitud y aptitud), pueda acceder a una formación de excelencia. Pero lo esencial para esa mayoría es la autonomía personal:

- Que todo el mundo tenga nociones básicas de electricidad, fontanería, mecánica, etcétera, para que puedan repararse las pequeñas averías domésticas o en su caso realizar una pequeña instalación.

- Que todo el mundo tenga nociones básicas de agricultura para cultivar su pequeño huerto. Hay sistemas sumamente ingeniosos y productivos en espacios muy reducidos.
- Que todo el mundo sepa nociones elementales de salud básica, cocina-nutrición, etcétera.
- Desarrollar el uso del lenguaje, fomentando por encima de todo la expresión oral. Hablar un segundo idioma está bien, pero es secundario respecto al dominio de al menos un idioma.
- Que todo el mundo pueda autoconstruirse en base a valores no materiales: sociales, afectivos, estéticos... fomentando la autodisciplina, la autocontención, la austeridad, el cultivo del interior, la espiritualidad, etcétera. Esta es la más difícil y seguramente la más necesaria. Más en unos tiempos en los que la sobreexposición mediática (nada inocente) de esos modelos sociales de éxito, tiene tan estupefactos y confundidos en cuanto a valores a los jóvenes. Lo dañinos que son esos programas en los que se exhibe con impudicia a gente guapa/rica (de esa que se ha hecho multimillonaria por dar patadas a un balón, actuar en el cine o tv, o simplemente por estar macizo/a y haberse acostado con...) es de lo más pernicioso que en estos tiempos se pueda estar haciendo. Y contra lo cual no hay ninguna reforma educativa, por muy ilustres que sean sus promotores, que pueda hacer nada.
- Estaría bien no tener a los muchachos recluidos tantas horas. Supongo que dentro de no mucho, cuando por fuerza haya menos coches en las ciudades y campos, se recuperará nuevamente el espacio para las personas, para que puedan relacionarse inter-generacionalmente en plano de igualdad y libertad.

»Soy consciente de que una reforma así no se hará nunca, porque el sistema no quiere gente autónoma y capaz, sino gente dependiente e incapaz, porque son mucho más vulnerables y por tanto más dóciles, disciplinados y contenidos...».

Mi respuesta fue:

«Le sugiero que lea esto:
    » "Neo, un robot que enseña alemán" (44).
    »¿Se imagina las posibilidades que a todos los niveles podría
tener algo así? No ahora, claro, pero sí cuando hubiese evolucio-
nado un poco. Profes particulares para enseñar lo que convenga,
como convenga, en todo momento..., porque serán colegas; y también a quienes convenga. No, la sustitución no se producirá, pero...
    »Lo que usted apunta, lo comparto; ya sabe: muy pocas perso-
nas van a ser necesarias para generar PIB; pero lo que propone:
enseñar a realizar tareas básicas o no tan básicas, eso ya es accesi-
ble para quien quiera: le sugiero que se dé una vuelta por los tuto-
riales publicados en Youtube: hay de todo, y de acceso gratuito.
Por otra parte la robótica, la automatización, la producción aditiva, van a resolver numerosas necesidades a un precio decreciente
debido a la creciente productividad; pero sí pienso que en las escuelas debería —ignoro cómo— inyectarse en infantes y adolescentes la idea de la practicidad, de la colaboración, del intercambio
y de una cierta autosuficiencia. Y en relación a que una reforma así
no se hará nunca..., exactamente así puede que no, pero introduciendo conocimientos mucho más prácticos seguro que sí».

Para meditar.

(8/2/2016)

80

MOVILIDAD

Recientemente recibí este mail de un lector:

«Que le parece el giro que están tomando empresas del estilo de Uber y Lyft, moviéndose en proyectos de coches autónomos/sin conductor? Se imagina las ciudades "invadidas" por ejércitos de esos coches, requeridos por los usuarios a través de aplicaciones de móvil? Interesante como han extendido por una parte el concepto de economía compartida (sin serlo) y al mismo tiempo el concepto de trabajador autónomo (si el conductor es un trabajador, no está compartiendo nada; bueno, sí, su ganancia con la plataforma tecnológica) gracias a la tecnología».

Mi respuesta fue:

«Ciudades invadidas, no. Vehículos autónomos, sí. Usuarios reservando plaza a través del móvil, también. Pienso que en todos los posibles escenarios que para un próximo futuro se están dibujando en relación la movilidad de las personas hay una variable que no se tiene en cuenta: las necesidades de desplazamiento van a reducirse muchísimo debido al avance espectacular que la tecnología de la comunicación experimentará, lo que afectará tanto a los desplazamientos urbanos como a los interurbanos: no olvidemos que un estudio realizado por una consultora británica a mediados de los noventa ya apuntaba que el teletrabajo suponía hasta el 65 % de reducción de costes sobre el trabajo convencional, y las posibilidades de las tecnologías de la comunicación entonces eran de risa en comparación con las actuales.

»Por otra parte, el transporte individual, y da igual que sea en un taxi o en un vehículo privado, es muy ineficiente, por lo que, pienso, en los casos en que el desplazamiento tenga que producirse, el medio de transporte tenderá a ser colectivo (lo que no equivale a "público"). Vehículos privados pienso que cada vez habrá menos por la reducción de las necesidades de desplazamiento, pero también porque con la evolución esperada de las rentas pocos podrán permitirse en mantenimiento de un vehículo; a lo que hay que añadir que la rentabilidad las compañías automovilísticas la obtienen en los vehículos Premium, importando muy poco el combustible que utilicen para su funcionamiento: electricidad o derivados de petróleo.

»Llámese como se llame, compañías que dispongan de una flota de vehículos para transportar personas van a existir. Lo lógico es que los vehículos que utilicen sean autónomos, por la reducción de costes que ello supone, y también es lógico que sean eléctricos, por el ahorro de emisiones; pero, en cualquier caso, pienso que serán colectivos a no ser que hablemos de transporte también Premium».

El de «Premium»: un concepto a recordar.

(11/2/2016)

EXPECTATIVAS DE UNA JOVEN

Hace unos días recibí un mail de una lectora joven:

«Hola buenas tardes, me llamo [nombre de mujer] y vivo en la provincia de [nombre de una provincia española]. [...]

»Últimamente le sigo en *La Carta de la Bolsa* y a veces me estremezco al pensar de como será nuestra vida, nuestra sociedad, acabada la crisis sistémica en la que vivimos. Si hay que hacer más ajustes en este año en curso y en los próximos, ¿que calidad de vida o de que manera se vivirá en los futuros años? Seguramente ya deben tener planeado hasta a que niveles vamos bajar (¿como Argentina?) o de lo que podremos disponer o no (en servicios).

»¿Usted cree que realmente la gente y la sociedad está preparada para ir a menos que ahora y cree usted que las personas podrán soportar más ajustes presupuestarios durante algunos años más?

»La gran mayoría están convencidos de que España ya ha tocado fondo. Si no es así ¿qué ajustes más nos esperan? ¿O serán de tipo estructural como la eliminación de administraciones? Realmente pienso que la sociedad no lo podrá asimilar ya que todavía no ha digerido los anteriores recortes».

Mi repuesta fue:

«La respuesta a su primera pregunta es: pobre; a la segunda es no; a la tercera: 42 mM€ para llegar al 0 % de déficit en el 2020; y a la cuarta, que también serán estructurales. Se producirá un empobrecimiento progresivo por esos recortes y por el desempleo estructural que irá a más.

»Va a ser muy duro, mucho, porque ir a menos lo es. A partir de 1991, pero sobre todo a partir del 2003, a la ciudadanía se le convenció para que aceptase todo el endeudamiento que se le concediese, y la ciudadanía lo hizo. Y ahora tiene que "digerirse" todo aquello, es decir, tienen que pagarse los intereses y limpiar los efectos de aquellos excesos, y los efectos de tales actuaciones los acusará el pueblo, que, tal y como dijo el ministro británico de Economía: son quienes más sufren los efectos de una situación como esta».

(13/2/2016)

82

PELIGRO DE GUERRA

Hace algunos días recibí un mail:

«Hace años (4 o 5 quizás) vino usted a Pamplona, asistí a la charla
que dio, y le pregunté si la crisis aquella (tal vez siga siendo ésta de
ahora) desembocaría en una guerra, una gran guerra, porque guerras y bastantes mortíferas hay bastantes ya). Era la época de Irán
como el eslabón débil para una gran guerra. Me dijo que no, creo
que rotundo, al menos convencido de ello.

»Lo de Irán pasó, ya es hasta socio de Occidente otra vez, pero
la cosa se ha ido complicando geopolíticamente (Ucrania, Siria,
Mar de China, etc.), además de que la crisis se asoma otra vez, sigue al parecer irresuelta. Hoy leo su artículo:

»"Mil novecientos treinta y siete" (45).

»Le pregunto: "¿Ha cambiado de opinión al cambiar las cosas?
¿Ahora sí hay un peligro de conflagración mundial evidente como
solución a las cuestiones mundiales?"».

Mi respuesta:

«Pues no, pienso que una guerra global hoy es inimaginable e imposible. La II GM fue la medida definitiva para acabar con la Depresión. Pero entonces no existían misiles de crucero con múltiples
cabezas nucleares disparados desde submarinos que portan veinti-
cuatro de tales misiles. Un submarino clase Trident carga suficien-

te potencia destructiva como para arrasar un continente, y tan sólo Reino Unido tiene cuatro de esos submarinos. La II GM fue rentable porque para destruir y matar a la gente había que aproximarse, lo que suponía correr riesgos, pero hoy se puede colocar una cabeza nuclear a tres mil kilómetros de distancia con un error de cinco metros. A la vez, la capacidad de defensa en caso de sufrir un ataque era limitada, lo que suponía que quien atacaba asumía que iba a experimentar bajas, pero hoy, con los sistemas antimisiles y de contramedidas electrónicas, el atacante adquiere una respetable seguridad, lo que sólo se supera con ataques hipermasivos.

»Es decir, la III GM dejaría el planeta deshecho, sin vencedores ni vencidos. Y una guerra, quienes la inician, lo hacen para ganarla».

(14/2/2016)

DÍAS DEL FUTURO PASADO

Tomo prestado el título de un álbum que en 1967 publicó el grupo The Moody Blues. Pienso que ilustra bien lo que viene.

A mediados del 2011 recibí un mail de un lector:

«Llevo un tiempo leyendo su columna y le escribo para contarle la situación de mi comarca. No sé si le interesará, pero ahí va: vivo en [nombre de una localidad de una región española], un pueblo pesquero. En este pueblo de ahora 4.000 habitantes y bajando, llegó a haber en los años 50 hasta veintitrés fábricas de conservas, que empleaban a miles de personas. Ahora mismo, tras diversas subidas y bajadas, quedan 2 que sobreviven y emplean a menos de 80 personas en total. Hasta aquí todo normal.

»¿Cuál es la "diferencia"? Por coincidencia, la comarca de [nombre de la comarca en la que se halla la localidad dicha] es una de las zonas mejor adaptadas a la producción de madera de eucalipto del mundo. Sí, del mundo. Aquí hay ciclos de producción de 12 años, lo cual es casi único, por lo menos en Europa. Con esa característica, lo que ha sucedido con la crisis ha sido el inverso que para la mayoría, la actividad del sector forestal se ha multiplicado en los últimos años. No sólo eso: han venido empresas [una nacionalidad] a hacer competencia a las locales con maquinaria que antes se pensaba desproporcionada, pero que están usando masivamente. Los propietarios están vendiendo mucho antes (antiguamente esperaban 30, 50 años... ahora en cuanto pueden, venden), y el sector está viviendo una locura (mientras el precio que imponen las papeleras no deja de bajar). A esto hay que añadir el minifundio, que hace ineficiente la explotación de una buena parte de la superficie. Por no hablar de la alta dependencia del precio del petróleo del sector.

»Con estas circunstancias y basándose en las propiedades de montes familiares, mi hermano ha montado una pequeña empresa forestal. Al carecer de experiencia, está sufriendo para levantarla (no hay crédito) pero dice que no hay otra cosa. Yo no lo veo nada claro. Si le escribo esto es precisamente por eso, aunque después de leer su libro y sus artículos me temo que poco me podrá aclarar».

Mi respuesta:

«La sobreexplotación de lo que sea nunca es buena porque es insostenible, pero, además, es mala porque crea un exceso de oferta, que se paga en forma de precios más bajos; es decir, lo único que indica lo que usted me cuenta es pobreza y necesidad. Mi sugerencia: si su hermano tiene alternativas y si la tierra forestal que explota es suya, que eche el freno: quienes dispongan de recursos en el futuro, al menos tendrán algo».

Me respondió:

«Veo por dónde van los tiros. La ventaja que creo que tenemos es que en 12-15 años podremos volver a cortar otra vez una finca cortada ahora. Lo que ahora estamos discutiendo entre nosotros es si una empresa forestal mínima (4 empleados: 1 camión, 1 tractor y 2 cortadores) es rentable o si merece la pena dejar la corta en manos de una empresa ajena. Lo decidiremos a final de año, para entonces ya le contaré».

Le respondí:

«La rentabilidad es algo que se calcula muy rápido, lo que deben pensar es en otra cosa: si la tarea la realizan ustedes, ustedes saben cómo las cosas se hacen y toda la rentabilidad es para ustedes, al margen de que están ocupados en algo que es suyo».

Luego nada, hasta hace unos días en que me escribió lo que sigue:

«Le escribo otra vez y casi no me puedo creer que hayan pasado casi 5 años desde que contacté con usted por primera vez. En el correo va el hilo de los correos anteriores, pero resumiendo, tenía una empresa familiar de corta de madera de eucalipto para pasta de papel.

»Lo que sucedió es fácil de prever. A partir de 2011 es cuando entró lo más crudo de la crisis. En ese momento, un cambio en la dirección de la pastera (casi nuestro único cliente), implicó varias rebajas graduales de los precios a los que nos compraban la madera. Había que competir con materia prima importada de Sudamérica y era imposible. En 2014, el mercado se hundió definitivamente y tuvimos que cerrar la empresa. La corta de madera sólo es rentable utilizando máquinas monstruosas e inasequibles para nosotros. A la pastera le da igual, tiene siempre los parques llenos. "El precio no lo pongo yo, lo pone el mercado", nos dijo un día un directivo.

»Para el pequeño pueblo donde vivíamos, la crisis significó también que, aun siendo el que mejor aguantaba en 50 km a la redonda, perdió la penúltima fábrica de conserva que tenía por falta de salida de la producción. Los almacenes llenos y la gente sin trabajo, un clásico. El resultado, la poca gente joven que quedaba se tuvo que marchar, principalmente a las ciudades. Cientos de casas deshabitadas para un pueblo de unos pocos miles. Y como ése, muchos más. La desesperación económica provocó que muchas familias empezasen a sufrir necesidad, a irse a vivir con los abuelos y malvender todo para poder ahorrar un poco. Hubo gente, y sigue habiéndola, que llegó a suicidarse por desesperación.

»Mis hermanos y yo nos hemos empleado con mayor o menor fortuna en grandes empresas. Parece ser que hemos tenido suerte. Yo incluso me he venido a Alemania con el contrato firmado. Pero es que aquí, en Berlin, también hay mucha pobreza. Está llenándose de italianos, españoles y refugiados. Los hay por todas partes. En muchos barrios ya casi no quedan alemanes.

»Le cuento lo que he vivido y que corrobora lo que ha escrito usted en sus libros. Ahora mismo estamos viviendo una época extraña. Parece que la gente se haya acostumbrado a vivir con menos. Ahora mucha gente ha encontrado trabajo pero muy mal pagado, 700 euros por un camionero trabajando 11 horas al día, por ejemplo. ¿Cree usted que vamos hacia otra caída?».

Le respondo:

«Leyendo lo que me escribe en este mail me parece estar leyendo una crónica sobre una zona de Irlanda en la segunda mitad del siglo XIX. Lo peor es que no estamos en el siglo XIX sino al lado de un momento en el que un presidente del Gobierno dijo que la economía española estaba jugando en la Champions League de las economías mundiales. Es impresionante lo que escribe porque refleja el desmoronamiento de algo que se infló artificialmente hasta explotar partiendo de algo que era limitado pero que daba para salir adelante, sin tirar cohetes, cierto, pero que tampoco era sostenible. Dejó de serlo tan pronto como los resultados de la globalización empezaron a manifestarse en forma de materias mucho más baratas contra las que no se podía competir a pesar de ser una zona privilegiada para el eucalipto. Queda muy claro lo que ha sucedido en un micromundo que muy bien puede ser la muestra de algo mucho más amplio.

»Bien, su pregunta: no, no vamos hacia otra caída, estamos en una caída que comenzó en el 2007, cuando se manifestó el agotamiento del modelo que estábamos utilizando desde finales de la II GM (ya..., a España llegó mucho más tarde) y que eclosionó definitivamente en el 2010 cuando se vio que cosas como el Plan E no iban a servir absolutamente para nada; lo que sucede es que ahora se está produciendo una nueva manifestación de esta crisis iniciada nueve años atrás.

»Es una pena que hayan tenido que cerrar algo que, en otras condiciones, funcionaba perfectamente, pero pueden sentirse contentos si han encontrado una actividad alternativa; y sí, en Berlín hay mucha pobreza: la mitad de los residentes en la ciudad, cuando se han despertado esta mañana, no sabían si hoy podrían tomar dos comidas.

»De algún modo tiene usted razón: la época que estamos viviendo es extraña porque es diferente. Prácticamente de un día para otro se ha pasado de una situación en la que parecía que todo funcionaba a otra en la que casi nada funciona. Hoy hay un excedente de oferta de trabajo que lleva a que los salarios sean verdaderamente bajos; es por la tecnología, y por la globalización que trae bienes a precios reventados, pero además hay algo de inevitabilidad en todo ese proceso, por eso no hay protestas por parte de esos camioneros a los que usted se refiere, ni por parte de los pensionistas que ven menguada su renta teniendo, además, que ayudar a hijos y familiares, ni tampoco de los jóvenes que ven cómo se desmoronan sus expectativas.

»No, no vamos hacia otra caída: ya hemos caído y ahí estamos, y aún queda, pienso, para salir. Y cuando salgamos, el 99,9999 % estará peor, vivirá más limitadamente. Podríamos decir que ahora toca eso, aunque admito que es una explicación bastante limitada e insatisfactoria. (Por cierto, ha hecho muy bien en adjuntar los anteriores mails)».

Para meditar, ¿a que sí?

(24/2/2016)

84

LOS LÍMITES DEL SISTEMA

Hace unos días recibí un mail de un lector.

«[...] Procuro seguir sus entrevistas en 8tv con mucho interés. En la última entrevista habló sobre la robotización del trabajo, es un tema que me resulta muy interesante y a la vez inquietante. He estado leyendo artículos y viendo documentales sobre las implicaciones a largo plazo de este hecho. Quería compartir con usted una duda.

»He visto que en el sector médico hay una máquina llamada Da Vinci que opera a los pacientes, en el sector jurídico hay un programa informático que es que capaz de analizar un caso y en segundos dar las leyes que se deben aplicar a éste, lo mismo en contabilidad, programas informáticos que se encargan de hacer la parte mecánica (introducción de asientos), en la industria del automóvil se utilizan brazos robóticos, restaurantes o bares en Japón que también utilizan robots para servir, etc.

»Cualquier empresa, con tal de mantener su ventaja competitiva, si puede reducir costes o incrementar la productividad con una máquina o programa informático, lo hará, por una cuestión de "supervivencia".

»Pensándolo bien, cualquier tarea, a excepción, obviamente, de aquellos trabajos en los que el trato humano es necesario, puede ser sustituida por una máquina o programa informático. Solamente se necesita un ingeniero que piense cómo hacerlo.

»Por tanto, si la mayoría de trabajos realizados por una persona pueden ser sustituidos por máquinas o programas informáticos, ¿no se producirá una contradicción del sistema a largo plazo? Entiendo que para llegar a este escenario debe pasar mucho tiempo, pero ¿no es esa la tendencia que está marcando el propio progreso de la tecnología?».

Mi respuesta fue:

«Sí y no. La contradicción existe porque todo sistema económico ya nace con los gérmenes de las contradicciones que llevarán a su colapso: repase usted la historia. Pero la contradicción fundamental del sistema capitalista, la que lo llevará a su fin, no será, pienso, la imposibilidad de absorción por parte de una desempleada o subempleada clase trabajadora de los bienes y servicios producidos por subsistemas robotizados de altísima productividad, sino la innecesariedad de ser propietario de nada porque habrá un momento en que se pueda acceder al uso de lo que se necesite, cuando se necesite, donde se necesite, y durante el tiempo que se necesite, y pagando tan sólo por tal uso. El capitalismo se basa en la acumulación de propiedades, sean utilizadas o no, lo que es ultraineficiente en un mundo de recursos escasos. Superado el principio en que el sistema se basa, se acabó el sistema.

»Pero claro, eso no sucederá de ahora para luego. Durante algunas décadas la productividad se disparará, lo que permitirá que se produzca el derrumbe de los costes de producción y la reducción en vertical de los precios de venta, y eso permitirá que la empobrecida población pueda tener consumir esos bienes y pagarlos con la renta básica que se les proporcionará; pero ese recorrido es limitado porque, ¿quién va a acceder a la propiedad de algo si puede disponer de ello según necesidad? (Lo dicho no es óbice para que la desigualdad se dispare más, y junto a megarricos convivan quienes sólo tengan acceso a la renta básica).

»Le sugiero que leas *La era del Acceso*, de Jeremy Rifkin (Paidós, 2000). Con una anticipación y una claridad meridianas, plantea lo que podía ser el futuro visto desde el 2000: nuestro presente».

(24/2/2016)

REALIDAD ¿VIRTUAL?

En relación a este texto publicado el pasado 2 de marzo, «Postcapitalismo» (46), un lector me remitió, el mismo día, el siguiente mail:

«Cierto que las revoluciones no están de moda, como suele decir usted. En parte creo que porque hoy tenemos más que perder, al menos todavía, que en el siglo XVIII o en la Cuba de 1959; y en parte porque hoy los poderosos están más protegidos en lo físico (un kalashnikov protege más que un mosquete o un fusil garand) y, sobre todo, en lo legal (hasta puede que el Código de Hammurabi fuera más ecuánime que nuestro actual Código Penal).

»Renta básica, ¡¡ojalá y cuanto antes!! Sin embargo no creo que llegue porque los poderosos se vuelvan de repente misericordiosos, realistas o una mezcla de ambas. De haber sido siquiera una de las dos cosas, no habrían permitido que estemos transitando a los extremos que parecen ser nuestro destino. ¿Que lo hagan por miedo? ¿¡Quién con hambre tendrá acceso directo a ellos para morderles!?

»Las cosas que vamos viendo tan solo en lo laboral (pagar por un puesto de trabajo, anunciar en TV empresas piratas, importar "esclavos" teniendo un desempleo de más del 20 % , etcétera...) hace una generación en Europa hubieran sido consideradas aberraciones.

»"Las prácticas de las empresas asiáticas en Europa (y se parecen mucho a las chinas)" (47).

»Ocho minutos de lectura. Y esto de abajo, relacionado con lo anterior, unos nueve.

» "La robótica será la mayor oportunidad de inversión del Siglo XXI" (48).

»Esto último viene a refrendar lo que dice Tyler Cowen en *Se acabó la clase media*».

Mi respuesta fue:

«No es por el kalashnikov, es por lo que no se ve. Este mail puede estar siendo leído por alguien, y en el siglo XVI una carta sólo podía leerla quien tenía el original delante. Y sí, también: no es por lo que se puede perder: la Commune se produjo porque aquella gente prácticamente se moría de hambre y hoy en París nadie se muere de hambre.

»La renta básica se implementará por una mera cuestión de orden público: para que la población tenga algo que perder si se porta mal; y por eso también se legalizará la marihuana: para que esa población esté calmada; complétenlo con ocio muy barato por TV.

»Hace una generación, Europa ya permitía bastantes cosas, digamos que hace dos generaciones. No sólo no hubiese permitido eso, sino que era inimaginable, pero, ¿sabe por qué? Pues porque demanda y oferta de trabajo se hallaban equilibradas de facto y ni en los tableros de dibujo había ningún diseño de nada que pudiera sustituir a cien trabajadores de una tacada y trabajar 24 h al día. Y como no lo había, los salarios se indexaban con la inflación, y había consumo, y no era necesario ir mirando el céntimo en los costes. Claro que la oferta era menos variada y no todo el mundo podía tener un Audi ni ir de vacaciones a Mauricio, como ocurrió cuando "el mundo fue bien"».

En esta ocasión, también para meditar.

(3/3/2016)

86

REFLEXIONES

Hace unos días recibí un mail de un lector. Largo, interesante, que invitaba a reflexionar.

«Desde el comienzo de la revolución industrial el número de horas semanales trabajadas por persona cayó con fuerza. Sin embargo, en los últimos años, en las economías avanzadas, el número de horas trabajadas se estancó (aproximadamente) en 40 horas. Mi primera pregunta es: ¿y esto a qué se debe?

»Usted dice estar preocupado por el exceso de automatización y robotización, que incrementalmente reducirá la necesidad de horas de trabajo, y por tanto muchas personas perderán sus empleos. Ya que la cantidad de horas de trabajo "necesarias" se reducirá drásticamente, ¿por qué no reducir la jornada laboral e implementar jornadas laborales de 30 horas en vez de 40, manteniendo a la vez el número de empleados? Y alguien responderá que, al reducirse las horas trabajadas por persona (en este ejemplo el 25 %), también los sueldos se reducirán (proporcionalmente un 25 %). Entonces, yo me pregunto: ¿es este un problema? La capacidad adquisitiva de los trabajadores en los países de economías avanzadas se ha estancado en las últimas décadas y sin embargo cada vez tenemos acceso a productos más asequibles (o gratuitos) y la economía colaborativa nos ofrece servicios y acceso a productos por un menor precio. Los avances tecnológicos y la economía colaborativa nos dan una mejor calidad de vida a menor precio.

»Posiblemente usted piense que esta solución no es factible, ya que el trabajo disponible se podrá hacer solamente por el personal más cualificado, y las personas con una educación no especializada o "útil" están condenadas al desempleo. Y bien, ¿por qué es el desempleo un problema si podemos producir suficiente para todos? Muchos dirán que lo es porque la ociosidad conduce a los vicios y al caos. Yo sin embargo opino que el ser humano por naturaleza tiende a buscarse ocupaciones que le satisfagan y estimulen. Históricamente la gran mayoría se ha visto forzada a tener un trabajo que detesta para así poder pagar sus gastos. Cuando se desligue trabajo de sueldo, ¿no empezará la gente a crear u ofrecer servicios simplemente por disfrutar haciéndolo? Yo vivo en Noruega y aquí la gente produce y da muchos servicios de forma voluntaria. ¿Qué me dice de internet: no se utiliza una ingente cantidad de horas en contenidos que nadie paga? Posiblemente, en un principio, una parte de la población pasará una gran parte de sus horas libres delante de la televisión tras perder su trabajo. Esto, desde mi punto de vista, sería la consecuencia de nuestro actual sistema educativo, que educa personas como si programase robots para desarrollar un proceso. Una vez que su labor ya no es necesaria, un trabajador-robot puede que no encuentre su función en la vida. Por eso deberíamos tener un sistema educativo que educase a personas en lo que Aristóteles llamó "la buena vida". Educación para el disfrute sano; los libros, la música, la ciencia, la filosofía, la conversación, la comida, el deporte, etc.

»En resumen: ¿cuál es el problema de la disociación de salario y trabajo? Producimos suficiente para todos. ¿No significará la robotización la liberación de los trabajadores con labores odiosas?».

Mi respuesta fue:

«Bueno, en horario estancado no exactamente; en Francia el horario legal son 35 horas, aunque es libremente superable. La razón por la que no fue reduciéndose más y más tiene que ver con la tecnología y con la cantidad de trabajo necesario para generar el PIB que se buscaba, necesidad que se incrementó cuando el pleno empleo fue un objetivo a fin de aumentar el PIB producido.

»Preocupado por las consecuencias. El reparto del tiempo de trabajo se ensayó en Francia durante el gobierno de Michel Rocard, y fracasó porque si se tiende a generalizar, la productividad cae. Si se necesita menos trabajo el camino es reducir el número de personas ocupadas pero no las horas trabajadas, incluso es más productivo aumentar el número de horas que trabajan los que sigan trabajando. Por otra parte, reducir salarios tiene consecuencias no deseadas: suponiendo que funcionase el reparto del tiempo de trabajo, frenaría sólo temporalmente la reducción de las plantillas, aunque los salarios llegarían a hundirse: al mejorar las posibilidades tecnológicas el número de horas trabajadas por trabajador caería en vertical, con lo que lo haría caer su capacidad adquisitiva (y crediticia) por mucho que bajase el coste de fabricación y de elaboración de bienes y servicios. Leí hace unas semanas un artículo referido a una empresa china (establecida en China) que, al robotizar masivamente, había pasado, en un año, de tener 630 trabajadores a tener 35, y esperaba en otro año pasar a 10, lo que equivale a una caída de la plantilla de más del 98 %. ¿Se imagina el salario por trabajador resultante de haber repartido el trabajo, caso de ser posible, entre los 630 trabajadores originarios?

»Lo de los vicios... no sé; el problema es de equilibrio. Una persona ha de generar una cantidad equivalente de PIB a la que consume, si no los recursos decrecen. Con el uso masivo de la tecnología será posible complementar adecuadamente la "fabricación" de la persona (aunque esa tecnología deberá ser diseñada, construida y mantenida, lo que consume recursos). Es cierto que el tercer sector, desde los años 90, está aumentando mucho en los países desarrollados, pero eso encierra una trampa: alguien hace algo gratis porque otro alguien no lo hace a cambio de una remuneración, luego se está generando un PIB oculto que no tiene compensación y que no contribuirá a la generación de más PIB. Se parece bastante al caso de las "amas de casa": una mujer que realiza el trabajo doméstico no percibe salario alguno (en Reino Unido se realizó un estudio hace unos años y se estimó que, mensualmente, un ama de casa realizaba un trabajo que equivalía a una remuneración de 1.500 $), lo que independientemente de que no sea ético, es antieconómico; es la caricatura que realizó el profesor Samuelson en los cincuenta: si los ejecutivos estadounidenses se casasen con sus cocineras, el PIB de USA descendería a la mitad. Los contenidos que se cuelgan gratis en Internet son generados, mayoritariamente, en el tiempo libre o por parte de desempleados. El ejemplo de Aristóteles pienso que hoy no vale: en su época había una ingente masa de esclavos cuyo nivel de consumo era prácticamente nulo; a eso añada que era una sociedad en la que la acumulación de capital era bajísima y donde el beneficio que se generaba era monopolizado por una élite. Estoy de acuerdo con que la tecnología está avanzando a mucha mayor velocidad que la capacidad de comprensión y de aceptación por parte de la mayoría de la población, lo que hace necesaria una labor educativa ingente.

»El "problema de la disociación de salario y trabajo" radica en que no existen recursos suficientes para que toda la humanidad viva cómodamente. Usted reside en uno de los países más ricos del planeta, con un desempleo bajísimo y con un PIB per cápita que, por ejemplo, triplica al español. Es imposible poner en marcha la tecnología suficiente para acercar el PIB per cápita del resto del mundo al de Noruega y, aunque se pudiera, no habría recursos suficientes. Pienso que es justo al revés: existe ya un exceso de población en el planeta, un exceso que se irá notando más a medida que la tecnología sea más sofisticada, más barata y más fácil de utilizar. Y de eso no se habla en absoluto».

Ya les dije que invitaba a la reflexión.

(20/3/2016)

87

DEEP BLUE

Recibí un mail de un lector hace unos días; un mail para meditar mucho, mucho.

«Ultimamente he visto en internet un par de cosas sobre IA que me han llamado la atención y creo que le podrían resultar interesantes. La gran noticia es la victoria de AlphaGo contra el campeón mundial Lee Sedol por 4-1 en un encuentro al mejor de 5 (ganando del tirón primero con un 3-0).

»Esto es muy distinto a la derrota de Kasparov contra Deep Blue hace ya casi 20 años, principalmente porque la gente esperaba que esto sucediera dentro de muchas décadas y contra jugadores profesionales del montón, pero no jugando contra el segundo jugador más laureado de la historia. Traduzco algunos extractos de este artículo del *New York Times* publicado en 1997 después del partido entre ambos:

»"To Test a Powerful Computer, Play an Ancient Game" (49): "Para jugar un partido decente de go, un ordenador tiene que estar dotado de la habilidad de reconocer patrones sutiles y complejos y del tipo de conocimiento intuitivo que representa la característica identificativa de la inteligencia humana.

»"'Puede que pasen 100 años antes de que un ordenador venza a humanos en el go, puede que aún más de eso [...] Si una persona razonablemente inteligente aprendiera a jugar al go, en unos pocos meses podría vencer a todos los programas de ordenador existentes [en 1997]. No hace falta ser Kasparov'.

»"Cuando un ordenador pueda derrotar, en el caso de que sea posible, a un campeón de go humano, será una señal de que la inteligencia artificial estará verdaderamente volviendose igual de buena que la verdadera".

»Deep Blue venció a Kasparov a base de músculo computacional, a base de fuerza bruta, usando su capacidad para anticiparse a todas las jugadas que su oponente podía concebir, pero estratégicamente no era gran cosa. AlphaGo, en cambio, ha aprendido a jugar al go a base a dos cosas: primero, ver cómo otros juegan (básicamente una gigantesca base de datos de partidas); y luego "jugando contra sí mismo" para mejorar. Y sí, esto implica que en principio podría haber aprendido otra cosa que tuviera unas reglas más o menos bien definidas y de la que hubiera disponibles suficientes ejemplos (el siguiente objetivo del equipo de AlphaGo es starcraft, un juego de ordenador de estrategia en tiempo real donde el tiempo disponible para tomar decisiones es mucho menor porque no hay turnos y la cantidad de posibilidades durante la mayor parte de los partidos ni siquiera está bien definida como en los casos del ajedrez o el go).

»En solo dos años de entrenamiento, un hardware y un software que pueden ser fácilmente replicados han conseguido vencer a la mejor persona de entre más de 7.000 millones, que ha dedicado casi tres décadas al juego. Es muy cierto que esos dos años no son "efectivos", en tiempo real equivaldrían a más de 1.000, pero para una máquina hacer algo muy rápido es bastante simple.

»Las implicaciones son obvias, cuando los niños que están naciendo hoy estén en los puntos álgidos de sus carreras profesionales es muy posible que la demanda de pensamiento humano (o actividades físicas en general sean delicadas o no,* para hacer casi cualquier cosa) sea ridícula en comparación con la oferta, porque existirá una inteligencia artificial de propósito general que podrá aprender por sí sola de su propia experiencia y de la de otras máquinas, de forma simple y posiblemente casi instantánea, y que además podrá interactuar con el mundo físico de forma muy similar a como lo hace una persona. Por tanto, lo más probable es que la demanda de la mano de obra humana de cualquier tipo (seguramente incluso la gran mayoría de ejecutivos o investigadores, por ejemplo) sea nula.

»Hoy en día, los caballos casi no tienen aplicaciones comerciales más allá de donde la gente está dispuesta a pagar dinero porque no les importa el precio o los resultados en sí, sino el hecho de que es un caballo y no otra cosa (básicamente, carreras con sus apuestas y paseos en carroza o a lomos del animal). Si la biotecnología, incluyendo a la biomecatrónica, no consigue mejorar a los humanos, nos volveremos obsoletos igual que los caballos, los gramófonos o los disquetes, porque en el fondo las máquinas son fácilmente optimizables para llevar a cabo una o varias tareas, los humanos no, y en un mundo donde la división del trabajo es la norma para el 99,999 % de la población desde hace milenios eso significa malas noticias para los humanos que no tienen capital.

»Hablando de ejecutivos, investigadores y puestos similares, que a primera vista deberían estar más a salvo de la automatización si los comparamos con la mayoría de los trabajos, el Royal Bank of Scotland ha despedido hace unos días a 220 asesores que se dedicaban a responder a las preguntas sobre inversiones de los clientes. En su lugar, han adquirido software que podrá asesorar a los clientes a través de internet y evaluar preguntas como "¿Para qué está ahorrando?", "¿De cuánto dispone para invertir?" o "¿Durante cuánto tiempo quiere invertir su dinero?" para ofrecer respuestas útiles. Puede ver más detalles aquí: "RBS cuts hundreds of jobs as FCA approves 'robo-advisers'" (50).

»Primero fueron desapareciendo las oficinas de la calle gracias a la banca electrónica, ya no hacía falta tener a tanta gente en la ventanilla para atender las necesidades de los clientes. Pronto será cada vez gente más importante la que será sustituida, gente que realiza tareas más complicadas, y los beneficios de la automatización de estos puestos serán mayores proporcionalmente, porque los salarios son mayores también. El proceso de la automatización en la banca sigue su curso, en un nuevo nivel esta vez, y no creo que tarde mucho en expandirse a otros sectores de esta forma concreta.

»Un saludo.

»P.D: * Boston Dynamics también presentó hace poco su último avance en robótica, que ya puede hacer tareas simples como mover cajas por un almacén de la misma forma que lo hace una persona: "Atlas, The Next Generation" (51). Para tareas de más destreza manual hay por ejemplo cosas como esta banda robótica: "Squarepusher × Z-MACHINES" (52), que puede interpretar notas inaccesibles para los humanos; y los robots que resuelven el cubo de Rubik en menos de un segundo o los robots quirúrgicos que ya existen desde hace algunos años».

Mi respuesta:

«Un muy bien amigo mío (que es una de las personas más inteligentes que conozco y que he conocido) me dijo, cuando se estaba preparando la primera partida de Deep Blue contra Kasparov, que no importaba cómo acabase esa partida ya que en el futuro el campeón "humano" de ajedrez del planeta sería la persona que aguantase más jugadas a una máquina, ya que la máquina ganaría siempre. Es lo de HAL en *2001*: hasta le decía a David Bowman cómo se encontraba este cuando se sentaba frente al tablero para "jugar" una partida.

»Lo del Boston Dynamics, sí, parece increíble. Piense la implicación que eso va a tener en el transporte interno de materiales y en el modo como se transportarán. Y piense que estamos al principio del inicio del principio».

Como decía: para meditar mucho.

(23/3/2016)

88

ESTO NO VA

Me escribe un mail un amigo desde una región española; él es un profundísimo conocedor de esa región. Me pone ejemplos de lo que sucede en diversas localidades de la zona, y acaba diciendo:

«[...] Esto va muy mal, pero la gente no lo quiere ver. Ayer mi hijo me lo decía tomando unas copas con él. "Papá no hay dinero, ya ves que solo consumen cerveza de a dos euros en un PUB con actuación y todo". No habría 30 personas».

Le contesto:

«No, no se quiere ver porque lo que está moviendo ahora a gran parte de la población es algo que no es racional: el deseo de querer creer que ya hemos salido de la crisis.

»Hasta hace un año y medio la gente miraba a su alrededor y contaba cuántos de sus amigos y familiares estaban desempleados; ahora ya no se hace: quien tiene algo, tira para adelante echando mano de sus ahorros, si hace falta; para seguir..., porque "ya estamos saliendo de la crisis".

»Me estoy dando cuenta de que entre la ciudadanía se están configurando tres actitudes: los que sí; los que, de momento, sí; y los que ya no. Y entre los primeros y entre algunos de los segundos se está instalando una concepción muy peligrosa: considerar a quienes no tienen trabajo como marginales: "¿A qué se dedica ese?

¿Qué hace? Bahhh". Es decir, desempeñar una actividad remunerada se está convirtiendo en un signo de status.

»Hay un índice compuesto que recoge varias variables y que es muy significativo a la hora de analizar una sociedad: la Tasa AROPE: la tasa de exclusión social. Bien, pues en España ya está situada en el 29,3 %; es oficial, se calcula a nivel europeo.

»Y lo peor: no vamos a mejor, sino a peor: a menos, y dará igual quien gobierne: España tiene que bajar su déficit en 50 mM€ de ahora hasta el 2020, y no hay opción; y eso va a suponer lo que no está escrito. La población empezará a darse cuenta de esto cuando se implementen los ajustes presupuestarios que el nuevo gobierno tendrá que poner en marcha, y ese darse cuenta se trasladará a su día a día, a lo que contribuirá la actual ralentización de las exportaciones.

»No, no hay dinero; como en los años cuarenta. Sólo que entonces España estaba endeudada con la Alemania nazi y ahora lo está con financieros de todo el orbe».

(10/4/2016)

89

EL FUTURO QUE NOS ESTÁ ALCANZANDO

Ya, me he inspirado en el título del que se usó en España para *Soylent Green* (Richard Fleischer, 1973). Lo malo es que ese futuro ya está aquí. Hace unos días recibí un mail de un lector:

«Tengo un hermano que ha trabajado en gestión en [nombre de un departamento] en [nombre de una muy gran multinacional] en [nombre de una ciudad europea], ahora está en una gran empresa de [nombre de una actividad económica] de director de [nombre de un área de gestión], tiene dos carreras, dos máster, experiencia en el extranjero, es jefe de unos mil empleados y gana unos 1.400/1.500 netos y trabajando horas y horas. Es como si el trabajo en sí no importase o cada vez esté menos valorado y pagado. En la época de mi padre al menos un licenciado estaba mejor tratado y ganaba más que uno que no lo era».

Mi respuesta fue:

«Deduzco que su hermano ahora trabaja en España. Pienso que el error de su hermano, si lo hizo de forma voluntaria, fue regresar a España».

Y la suya:

«Tuvo que regresar porque estaba allí con beca de un año. Realmente a él le gusta más España, pero este país solo vale para fiesta, el trabajo es escaso, mal pagado y con horarios irracionales que no sirven para nada porque no te hacen más productivo.

»Lo más curioso es que hay una gran diferencia entre generaciones. Donde está trabajando (ahora) hay directores (de su nivel) de 40 o 50 años que ganan una pasta, pero los jóvenes de 30 hacen el mismo trabajo por una miseria en comparación, y sin posibilidad de mejorar. Por lo menos, en la época de mi padre, ganabas poco al principio pero podías mejorar con el tiempo, ahora te quedas estancado.

»Tengo un amigo licenciado en derecho con un máster muy caro. Está ganando 1.600 euros y trabaja hasta los sábados».

Mi respuesta:

«Esos señores de cincuenta años que ganan mucho más que su hermano pertenecen a una época que se ha ido para no volver. Lo que se va a imponer son las condiciones laborales de su hermano por la sencilla razón de que, por un lado, lo impondrá la tecnología, y por otro, lo traerá un modo de trabajo focalizado hacia la autorresponsabilidad: "hay que hacer esto, tienes que hacerlo tú, y apáñate"; a eso añada la creciente externalización de casi todo y la oferta de trabajo por subasta a través de internet: "hay que lograr/desarrollar/obtener... tal cosa; ofrezco x dólares. ¿Quién lo hace?", por lo que van a quedar muy pocos trabajadores fijos y aún menos trabajadores con remuneraciones elevadas, a no ser que aporten una enormidad de valor o sean imprescindibles para aportar muchísimo valor añadido».

Se puede decir como se quiera y de la forma que se quiera, pero lo cierto es que la demanda de trabajo es muy inferior a la oferta de trabajo y cada vez esa demanda va a ser mucho más inferior a la oferta; y la verdad es que la tecnología cada vez sustituye más trabajo. Claro, claro: «El trabajo ha de generar cada vez más valor». Seguro, seguro, pero, también ahí, en el trabajo generador de muy alto valor, la oferta es muy superior a la demanda y también ahí la tecnología está reemplazando a más y más personas. Y obviamente, el subempleo crece, la subremuneración aumenta, las exigencias laborales se disparan.

Y el paro estructural, aquellas personas desplazadas del mercado de trabajo de tal modo que ya ni siquiera son oferta de trabajo porque han dejado de ser necesarias, se multiplican.

Se puede decir de muchas maneras, pero lo cierto es que un creciente número de horas de trabajo están dejando de ser necesarias, por lo que no van a ser remuneradas, por lo que el consumo va a caer, la recaudación fiscal a disminuir, y los ingresos de la Seguridad Social, a descender. Se puede negar y camuflar, pero lo único cierto es que en Occidente la población media se enfrenta a una caída espectacular en su estándar de vida, tanto por el lado personal —salarios, rentas...— como público —modelo de protección social.

En una gran mayoría de casos la ciudadanía «va a tener que espabilarse», «va a tener que buscarse la vida», con todo lo que ello comporta, tanto a nivel económico, por la caída de poder adquisitivo que ello supone, como a nivel psicológico, porque las personas, en su mayoría, han vivido y están acostumbradas a otra cosa, y el cambio, pienso, se va a producir en un lustro, como máximo en un decenio, no en un siglo.

Pienso que esto es el tema al que los políticos deberían dedicar más tiempo y sobre esto es sobre lo que los votantes deberían preguntar más a los políticos.

(21/4/2016)

90

CRECIMIENTO

Hace unos días recibí un mail:

«Me llamo [nombre de persona] y actualmente soy estudiante de biotecnología en [nombre de un país europeo]. No sé si recordará que hace un tiempo le envié un correo preguntándole sobre unos asuntos. Me gustaría en este mail plantearle una simple (o no tan simple) cuestión.

»Siempre se habla de las bondades del crecimiento económico: "España ha crecido un 3 % este último año", "la economía de la eurozona aumentó un 2 % en el primer semestre", "países emergentes"... Yo me pregunto, ¿realmente la sociedad es consciente de que vivimos en un mundo finito? Y si es así, ¿debería ser una "buena noticia" el crecimiento económico? Muchas gracias por su atención».

Mi respuesta:

«No, no lo es, y no lo es porque pensar eso es feo, por las consecuencias que tiene, y los políticos no sacan el tema porque al ser un tema feo no da votos.

»Nunca jamás en los últimos dos mil años (por no irnos más atrás) el crecimiento —aumento anual del número de millones que suma el PIB valorado a precios de mercado— fue como ha sido desde el fin de la II GM. Ello fue posible porque se supusieron dos cosas: 1) que la cantidad disponible de recursos era ilimitada, y 2) que el precio de esos recursos era prácticamente nulo. A partir de ahí se pudo emplear a casi toda la población activa para que produjese, consumiese, ahorrase, pagase impuestos y se reprodujese.

»Cuando empezaron a no cumplirse los supuestos, cuando la tecnología fue ahorrando factores productivos, cuando el modelo de protección social (europeo) empezó a mostrarse insostenible, se puso en marcha la segunda fase: el endeudamiento creciente de todos con la intención de que fuese ad infinitum. Y hasta hoy, cuando también esa vía se ha agotado.

»Estamos en un punto en el que el modelo pasado es inviable y otro se ha de poner en marcha, como sucedió en la Depresión; el problema radica en que, a diferencia de entonces, ninguno de esos supuestos se cumple. Y hoy hay un exceso de oferta monstruoso y una demanda a la baja, en un entorno de recursos limitados y un muy frágil equilibrio medioambiental.

»Se saldrá de esta situación con un nuevo modelo, pero pienso que se saldrá por abajo, con crecimientos del "cero coma muy poco por ciento", una renta congelada, una desigualdad enorme entre "los necesarios" y "los otros", y un modelo de protección social reducido a una renta básica y poco más. Una situación de encefalograma plano en la que habrá que aprender a vivir de otra manera, una manera mucho más simple y mucho menos excitante».

De otra manera, una manera mucho más simple y mucho menos excitante, repito. Y eso es duro para quienes han vivido de otra manera; no tanto para quienes apenas han conocido otras cosas o no han conocido ninguna que no sea la nueva, ninguna en absoluto.

(25/4/2016)

LOS JÓVENES Y LAS PENSIONES DE JUBILACIÓN

No todos, claro, no todos, pero bastantes, bastantes, sí. Los jóvenes. Bastantes, bastantes jóvenes tienen las cosas, las ideas muy claras, en muchos aspectos, por ejemplo en lo referente a las pensiones. Recientemente recibí un mail de una lectora: veintiocho años, lo sé porque me lo dijo:

«[...] Realmente es verdad, mi generación está pagando las pensiones de "vuestra generación" y preocupantemente o injustamente nosotros no obtendremos nada. La verdad es que da miedo».

Mi respuesta:

«Las pensiones... es que ni siquiera es así. Vuestra generación, parte de la mía, y la caja de reserva de las pensiones, están pagando las pensiones de la siguiente generación a la mía y de parte de la mía..., de momento. Lo primero que va a fallar es la caja de reserva; lo segundo, la recaudación vía cuotas, por la caída salarial y el paro; lo tercero, la tasa de cobertura "ocupados/pensionistas", un tema puramente físico que será provocado, básicamente, por la caída continuada de la demanda de trabajo.

»El sistema de pensiones que hemos conocido es insostenible porque los supuestos con los que se construyó pertenecen a un modelo agotado: pleno empleo del factor trabajo, salarios crecientes, esperanza de vida menor (que bajará a medida que la sanidad empeore, pero será un elemento compensador lento), y fin de la Guerra Fría, por lo que ya no hay que tener calmados a los trabajadores con gasto público.

»Nadie de tu generación va a percibir una pensión tal y como las hemos conocido, y muchos miembros de la mía tampoco, aunque continuaremos contribuyendo al sistema. ¿Las salidas? Instaurar una renta básica que cubra los mínimos y no jubilarse jamás. O ser megamillonario, claro».

A nivel institucional, gubernamental, los políticos, continúan con mensajes como "reforma de las pensiones para asegurar su viabilidad", cuando lo cierto es que el sistema que se implantó tras la II GM en numerosos países (no en España) es hoy inviable.

El resumen del resumen es muy breve. El sistema de pensiones que hemos conocido se implementó cuando eran necesarios muchos trabajadores tranquilos y contentos; hoy cada vez son necesarios menos trabajadores y es responsabilidad de ellos estar contentos y tranquilos. A partir de ahí...

Y bastantes, bastantes jóvenes tienen esto muy claro.

(2/5/2016)

92

PREGUNTA

A veces en las preguntas más simples pueden estar encerrados los abismos más profundos. Hace unos días una amiga, que no es economista, me envió un mail en el que me hacía una pregunta de ese tipo:

«¿Tan difícil es imaginar un mundo sin dinero?».

Lo cierto es que lo releí varias veces. Finalmente le respondí:

«Conceptualmente, el dinero lo que hace es resumir valor en un elemento transportable que se puede almacenar fácilmente y que no caduca. Claro que puedes tener y transportar una oveja, pero es más práctico tener y transportar el valor de la oveja. El problema es que se he creado muchísimo más valor del que se puede crear fabricando bienes y servicios reales y que ese valor no es más que bits de ordenador alojados en servidores y disponibles a través de créditos y diversas operaciones financieras.

»Esos bits se han utilizado, se utilizan, para especular, pero también para pagar bienes intermedios y finales que se han fabricado sólo porque existían esos bits, esa deuda que los avalaba. Es decir, si se eliminasen esos bits se produciría un enorme retroceso económico porque ni se podrían fabricar cosas que ahora se fabrican, ni se podrían emplear personas que ahora se emplean, ni se podrían consumir cosas que ahora se consumen. Volveríamos a una situación parecida a la del siglo XVI antes de que España empezase a traer plata de América, y eso, además de suponer un retroceso brutal en el bienestar, implica un shock mental imposible de imaginar.

»Claro que, por otra parte, la actual situación es físicamente insostenible porque físicamente no es mantenible en el tiempo».

Podía haberme extendido bastante más, ya.

(19/5/2016)

PROYECCIONES

Hace unos días recibí un mail:

«El domingo pasado estuve hablando con mi hermana. Ya le conté cual era su situación en [nombre de un tipo de centro productivo]. Y vino nerviosa a mi casa. Al parecer los dueños quieren introducir el turno americano y pagar 1.000 euros como máximo. Ella me comentó que con eso no le llegaba para pagar la hipoteca de su casa. Y me dijo si conocía de alguna empresa que la pudiera contratar si la cosa se ponía fea. También me estuvo comentando que [su actual empresa] adquirió una nave industrial de [nombre de una compañía] para hacer ahí la planta totalmente mecanizada y robotizada que funcionará en no muchos años.

»El caso es que la situación de mi hermana era totalmente evitable (la laboral no lo sé, me refiero a la situación del problema que tiene con su vivienda, me explico a continuación). Ella tiene en [nombre de una localidad española] un piso totalmente pagado, y que tiene alquilado a terceras personas. Adquirió la casa que actualmente está pagando meses antes de que estallara la burbuja crediticia y la crisis (en verano de 2007) por un precio muy elevado [una cantidad] para ser una zona semiurbanizada de la localidad de [nombre de otra localidad junto a la anterior], en las afueras, y la quiere vender sin apenas perder dinero.

»Ella piensa que si espera 5 años podrá hacerlo. Yo le dije que podía esperar 5 o 5.000 años... Que no iba a ser así, que no recuperaría NUNCA el dinero invertido, y que con el salario del inminente turno americano de su empresa no podría pagar la letra de la hipoteca y otros gastos (paga una letra de casi 1.000 euros, pero al trabajar en el turno de noche cobra unos 1.800/1.900 euros mensuales). Insistí en que la vendiera al precio que pudiera y que se olvidara para siempre de recuperar lo invertido y fuese realista, que ni siquiera recuperaría lo que le queda por pagar (el 72 %).

»Ella ha vivido durante mucho tiempo "a todo trapo". Ha gastado y despilfarrado mucho dinero en cosas que no le hacían falta, y no es capaz de contemplar un estilo de vida más minimalista, ahorrador y nada derrochador. De hecho, como le sucede a muchísima gente que conozco, piensa en lo que yo llamo "Modo Subjuntivo". El modo subjuntivo de los verbos, como usted sabe, es aquel que se refiere a nuestros deseos, temores... y en el caso de mi hermana y mucha gente de este país están muy entremezclados los deseos, esperanzas, miedos y temores. No acaba todavía la mayoría de la gente de ser realista, pero es que nuestros políticos (que dudo mucho de ellos, la verdad) deberían decir la verdad de una vez a la gente. En definitiva, me llamó mucho la atención como no solo mi hermana sino mucha gente se aferra de forma muy desesperada a la creencia, al deseo, más bien, de que en "5 años las cosas volverán a ser como antes"... como antes puede ser cualquier tiempo pasado incluso anterior a la bonanza económica. Y hay tiempos pasados a los que parece que vamos a volver, muy a nuestro pesar».

Mi respuesta fue:

«Pienso que jamás volverán las cosas a ser como fueron, a suceder como sucedieron en el 2005 o 2006 porque las circunstancias que posibilitaron aquel modo de hacer no pueden repetirse, fundamentalmente porque la capacidad de endeudamiento está agotada y porque la tecnología cada vez sustituirá a más y más factor trabajo.

»Pienso que lo menos malo que su hermana puede hacer es vender esa vivienda por lo máximo que pueda obtener (no digo que la alquile porque supongo que el alquiler que pueda obtener se hallará bastante por debajo de los 1.000 €), que así reduzca la deuda e intente renegociar el crédito.

»En cuanto a su trabajo, si teme que puede perderlo, que empiece a buscar otro empleo ya: cuando aún está trabajando: todos los headhunters dicen que es más fácil encontrar un empleo cuando se trabaja que cuando no. En cuanto a salario, si en la zona los salarios de las personas que tienen la cualificación de su hermana se mueven en esos niveles, pienso que será difícil que obtenga uno superior.

»Dice usted que en el pasado "malgastó": muchas personas lo hicieron, muchas. Una propaganda masiva vendió que se había entrado en un bucle infinito en el que ir-a-más de forma permanente en base al crédito era posible; y como era un mensaje agradable, gran parte de la población lo asumió. En fin».

(23/5/2016)

94

DE NUEVO, BRASIL

«Como sé que le interesa lo que dice la gente de la calle le voy a contar lo que los brasileños de mi entorno dicen sobre las olimpiadas: pues no dicen nada. Ni siquiera saben cuándo son. Según opina mi mujer, que es brasileña, las olimpiadas solo sirven para que los políticos roben, y cree que será un desastre debido a la violencia y a que Río es un estado en quiebra que no paga a sus funcionarios desde hace meses, incluyendo a los militares. "RJ estuda pagar integralmente funcionários de serviços essenciais" (53).

»No me explico en base a qué criterio el COI decidió que la sociedad brasileña estaba a favor de unas olimpiadas para encargarle la realización de los juegos, pues creo que el apoyo popular es uno de los criterios más importantes que usan para escoger entre los candidatos. Sin embargo, el interés de los brasileños por el mundial fue muy diferente. Muchos meses antes de empezar no se hablaba de otra cosa. Pintaron muchos coches y motos con la bandera de Brasil, había banderas por todas partes y adornaron las calles. Hasta cambiaron las fechas de las vacaciones escolares. Y el día en que Brasil jugaba todo el mundo vestía ropas con la bandera. Ese evento sí que fue vivido de verdad. A pesar de que todos sabían que los políticos habían robado como locos, que hubo sobrecostes en las obras y que muchas obras quedaron sin terminar, parece que la ilusión por el mundial pudo más.

»Pero si hay de algo de lo que sí que hablan los brasileños es de la inflación. De que todo está muy caro y que de un día para otro suben los precios y no llegan a fin de mes. Y eso es cierto. Hoy he comprado un paquete de 500 folios que antes valía 3,5 euros al cambio y me ha costado 4,5 euros. Hay que tener en cuenta que como aquí los salarios son más bajos que en España, esos 4,50 euros aquí es como si en España un paquete de folios costase 18 euros. Y lo mismo ocurre con los demás productos.

»Cambiando de tema. He seguido sus últimos artículos con el título de "Mirando al 2060". He visto que Europa, y en especial España, no tiene un futuro muy esperanzador. Y también he visto que compara los países de la OCDE y los que no pertenecen a esa organización. Si he entendido bien, los países que no pertenecen a la OCDE, entre los que se encuentra Brasil, van a tener una mayor caída de su PIB, de forma progresiva hasta 2060, que los países pertenecientes a la OCDE. Centrándonos en Brasil, me gustaría preguntarle si conoce alguna tendencia que me dé una idea de cómo estará Brasil en el futuro».

Mi respuesta fue:

«Pienso que en ese tipo de eventos la variable que más pesa a la hora de decidir dónde realizarlos es la capacidad de generar negocio que el lugar tenga. No me refiero a empleo o a consumo, sino a grandes movimientos de fondos que den lugar a contratos de obra pública, suministros de materiales, comunicación, etc. Y si de rebote a la población le gusta o se beneficia de ello, una medalla que se cuelgan los políticos que en ese momento están en el gobierno. Por otro lado, considere que cuando se tomó la decisión de que estas Olimpiadas se celebrasen en Brasil, el país se halla en la cresta de la ola; hoy pienso que no se hubiese escogido.

»No, Brasil no pertenece a la OCDE porque el origen de la organización se halla en un organismo creado en 1948 para administrar los fondos del Plan Marshall. Sólo un país latinoamericano es miembro: México, y pienso que lo es por intereses de USA. No creo que más países entren en la OCDE actual entre otras razones porque no hace falta: hoy cubre el 75 % del PIB del mundo, lo que sí es posible es que la OCDE se fusione de algún modo con el FMI y con el BM para crear una especie de organismo regulador y de administración internacional.

»Y no, lo siento: no conozco ningún informe de tendencia a muy largo plazo de la economía brasileña».

(26/5/2016)

95

UNIVERSITARIOS

Hace unos días recibí un mail.

«Hace ya tiempo que le sigo con mucho interés por Twitter, y en especial las noticias que publica sobre el futuro que hacen referencia a la relación hombre-máquina.

»Actualmente le escribo desde [nombre de una ciudad europea], lugar donde me mudé hace ya casi 3 años, después de haber pasado un gran año de Erasmus, y en el que (como muchos otros) vi una ciudad en el centro de Europa, con muy buena calidad de vida y grandes posibilidades laborales, intentando escapar del pésimo clima laboral en el que se ha convertido España.

»Bien, después de este tiempo y un máster estudiado aquí mismo (vengo de la rama de [nombre de un grupo de licenciatura/grado]), no pude encontrar un solo trabajo relacionado con mis estudios. Hasta hace poco, tuve que conformarme con un trabajo en una tienda de souvenires en el centro de la ciudad (aunque en su favor debo decir que dentro de lo que cabe estaba bien pagado, 1.200 € netos/mes). Durante este tiempo he pensado mucho en las noticias que publicaba, y me explico: en gran parte, el perfil de gente que estábamos trabajando ahí era el de gente joven y con un título universitario en el bolsillo, pero justo ahí está lo peor. Después de tantos estudios, ¿terminar pasándose 6 horas de pie haciendo un trabajo tan soporífero? pensaba cada dia en ello y no le encontraba ningún sentido: responder a las preguntas de los turistas; ¿alguien se compra un vaso de chupito con la imagen de la ciudad? corriendo al almacén a buscar otro para que los estantes queden perfectos y se vean llenos; ¿alguien que deja una camiseta mal puesta de vuelta en los estantes que no está centrada con las otras? pues a moverla 1 cm a la derecha para que quede bien, sino el jefe piensa que eres un vago.

»Y como digo, pasarse 6 horas así de tu existencia cada día, da para pensar mucho en el futuro laboral de uno mismo, y en valorar lo importante que es que se pueda trabajar en lo que a uno le guste. No pude evitar pensar como usted dijo en los androides que vendrían a tomarnos el trabajo (desde luego este es un trabajo perfecto para estar automatizado), y tenga en cuenta que en esta tienda trabajamos 32 personas en tres turnos de 6 h. Casi todas ellas con su título universitario pero eso si, extranjeros en su gran mayoria. Desde luego podría ser mucho peor en España.

»Personalmente, dada mi edad, 28 años, y la imposibilidad de haber conseguido experiencia laboral hasta ahora (salvo malas experiencias de prácticas estudiando en España), sentí la necesidad de seguir repasando apuntes y sacarme alguna otra certificación para no quedarme atrás en conocimientos (u obsoleto, pero no me gusta nada la palabra) debido a que obviamente por desgracia y aunque suene duro escribirlo, la edad y falta de experiencia se convierten en un factor en contra para estar considerado para trabajar. Aun así he perdido ya la cuenta de los currículums que llevo echados en todo este tiempo.

»Aunque todo dio un giro hace relativamente poco, a través de un contacto de la universidad de aquí, pude encontrar un trabajo en un gran banco austríaco en su filial de Estados Unidos, pero honestamente no en una área que me hiciera especial ilusión para trabajar (ya está decidido que me voy, y empiezo dentro de poco). No es para ponerme pesimista, pero dada mi experiencia anterior, no puedo sino preguntarme si la experiencia será útil para más tarde poder encontrar otra vez trabajo (irónicamente están en proceso de clausura de todas sus filiales, para invertir más tarde hacia Europa del Este, con lo que en 1 año, voy a tener que cambiar de trabajo otra vez, vaya bien o mal).

»Perdone por la longitud del texto, pero ahí es donde quería preguntarle su opinión: en relación al último párrafo, ¿cree hoy en día que ya es algo propio de Disney, eso del trabajar "en algo que a mi me guste" o "que me haga ilusión"? Como le digo, no estoy convencido de ir a Estados Unidos, aunque reconozco que el hecho de haberme pasado tanto tiempo o desempleado o trabajando en dicha tienda de souvenires, me haya descolocado un poco y no vea que en realidad puede ser una gran oportunidad irme. Por último, ¿qué le diría a sus estudiantes, si alguno tuviese el problema de que no puede encontrar nada de trabajo relacionado con sus estudios?

»Como nota final, me he dado cuenta de que en los últimos meses han aparecido muchas noticias sobre el "4/20", y todos los supuestos beneficios de la marihuana para las personas, que casualmente no sabíamos hasta ahora. Se puede enmarcar esto en lo que le he explicado o quizá me lo he imagino yo?».

Mi respuesta:

«Usted plantea directamente algo que nadie quiere admitir y que los políticos, independientemente de su color y de si están en gobierno u oposición, callan: existe un exceso de oferta de licenciados y graduados; y el Sistema Bolonia (que intrínsecamente es bueno al hacer innecesaria la homologación de títulos en otro país) ha empeorado el problema porque ahora el exceso de oferta es aún mayor en toda Europa.

»Y también plantea usted, pero indirectamente, otro tema que es tabú y del que sólo se habla en algunos foros y por parte de algunos expertos: una/un graduada/o con máster incluso, puede ser la bomba de buena/o, pero si carece de un contacto que la abra una puerta, a lo máximo que puede aspirar es un contrato de 1.000 € realizando unas tareas que, o bien podría hacer una persona con FP1 o bien haciendo trabajos de muy alto nivel pero que jamás le reconocerán, ni en remuneración ni en categoría.

»Es decir, sobran titulados prácticamente en todas las áreas y en las que faltan, faltan personas con unos conocimientos que las universidades no pueden enseñar porque son ultraespecíficos. A eso añada que la tecnología ya ha rutinizado tareas que hasta hace nada requerían discernimiento y aportación de valor. (Imagine lo que sucederá cuando la Inteligencia Artificial esté verdaderamente desarrollada).

»Que usted, con un grado y un máster, esté vendiendo recuerdos a turistas es absolutamente perverso porque se está tirando por la ventana el coste de su formación y porque es alienante que usted con sus conocimientos esté realizando una tarea para la que no hace falta prácticamente ninguno, e indica que el sistema educativo y formativo está enfermo. ¿Solución a eso? Reciclando a los profesionales ya existentes y planificando necesidades de titulaciones futuras, pero actuar así es políticamente incorrecto y es mejor que personas con grado y máster estén vendiendo souvenires a turistas.

»Esa opción que le ha salido para irse a USA pienso que lo único para lo que le puede servir es para hacer contactos. Como decía si tiene a alguien que le pueda abrir una puerta accederá a una oportunidad; de algún modo eso es lo que le ha sucedido. Mi sugerencia, haga ese trabajo lo mejor que pueda y sepa, pero mire más allá de su mesa e intente conocer, contactar, relacionarse con gente que pueda abrirle puertas hacia temas que le interesen; y ojo, digo "abrir puertas", no "conseguir enchufes", eso ya no existe. Hace unos años en una universidad USA se hizo un estudio: el 67 % de los buenos empleos se obtenían por contactos, y entonces no había crisis, calcule cómo debe ser ahora.

»Pienso que sí es posible trabajar en algo que te apasione. Pero para eso tienen que suceder una de esas dos cosas: o se es un crack y se tiene contactos que te abran puertas, lo que permite acceder a lugares en los que poder desarrollar esas habilidades con las que se disfruta y con las que se genera valor; o, en el campo de los servicios, se es un megacrack y se monta algo vía internet, y se sabe vender, bien en solitario, bien colaborando con alguien: colegas, amigos desarrollando. (Observe que siempre volvemos a los contactos).

»La marihuana, pienso, tiene mucho camino por delante. Su legalización ya era obvio que iba a tener lugar en el mismo momento que empezó a perfilarse la crisis, y en varios países o áreas se halla en vías de completa legalización. Pienso que en breve su consumo será completamente legal porque tiene una propiedad muy útil en momentos en los que existe un excedente de población activa que va a más: calma y relaja, por lo que evita discusiones algo muy conveniente en momentos como los actuales y los futuros. Si a la marihuana suma la concesión de una renta básica y ocio muy barato o gratuito por internet y en pantalla de TV (los smartTVs, caros de momento) ya tiene un entorno tranquilo».

(31/5/2016)

96

VIAJES

Hace unas semanas recibí un mail:

«Estoy casado y tengo una hija (hija única). Mi mujer es funcionaria y yo un profesional freelance.

»Hemos conseguido sortear la crisis a base de mucho esfuerzo, trabajo y recortes. Pero hemos salvado nuestra condición de clase media y nos hemos convertido en unos ahorradores prudentes.

»Nuestra hija va a terminar este año 5.º de primaria y estamos preocupados con la excursión de fin de curso que le van a proponer para el próximo curso. Hace un año el colegio —un colegio público de [nombre de una localidad española]— llevó a los niños y niñas de entre 10 y 11 años a Benidorm a pasar una semana entera haciendo turismo de sol y playa. Este año va a llevar a los alumnos y alumnas de 6.º de primaria a pasar una semana de lo mismo en [nombre de una zona turística española]. Supongo que si siguen con esta progresión, el próximo destino será [nombre de otra zona turística de España].

»Visto lo visto, me pregunto qué hemos aprendido de la crisis. Sé que mi hija tiene compañeros que van a merendar a la Cruz Roja. Nuestra ciudad está llena de gente pidiendo en la calle y los contenedores de basura nunca estuvieron tan concurridos de gente rebuscando en la basura. Es fácil encontrarse con colectas de comida en el super. En fin, qué voy a contarle que no sepa...

Pero lo más increíble de todo son los padres que aplauden este tipo de iniciativas. Conozco a casi todos y sé los apuros por los que están pasando. ¿Son estas las ideas que copian del modelo educativo de Finlandia? Pero que les pasa a los españoles, o la tontería se está globalizando.

»Tengo claro que mi hija no va a ir a ninguna excursión de ese estilo, pero también tengo claro que voy a hacerles llegar a los profesores mis ideas al respecto nada más empezar el curso que viene.

»Mal vamos, se van a repetir las mismas tonterías de antes. Volveremos a ver como se malgasta el dinero (el poco que queda) en tonterías varias, más de lo mismo, y la gente seguirá auto engañándose, no saben hacer otra cosa».

Mi respuesta fue:

«Bueno... De entrada ya verá usted cuántas niñas y cuántos niños van a [nombre de la primera zona turística mencionada] el próximo curso. Las mismas seguro que no, porque no existe recorrido para ello: las capacidades y las posibilidades de endeudamiento no tienen nada que ver hoy con las existentes en 2005 o 2006, luego no pueden repetirse los mismos hechos. En mi opinión su esfuerzo por trasladar a los profesores sus impresiones va a ser en balde porque ellos le dirán que no es obligatorio, que quienes quieran que vayan y quienes no quieran que no vayan; pienso que donde sí tiene que esforzarse es en explicar a su hija por qué no va, sin dramatismos pero con claridad: el efecto asimilación puede ser destructivo entre los niños».

(3/6/2016)

FUTURO INCIERTO

Recibí un mail:

«Estuve dando clase de latín a una chica adolescente un verano. Con el tiempo continuamos hablando por watsap. Ella vive en una localidad de [nombre de una región española] de esas que cuesta ubicarlas en google maps. Su padre está en el paro y su madre tiene una [un local de prestación de servicios relacionados con la estética]. La niña es estupenda y muy inteligente y estudiosa, no es una nini ni nada por el estilo. La cuestión es que ella pasaba frío porque no tiene calefacción en casa, su madre tiene trabajo pero no gana mucho dinero, es curioso porque se puede tener trabajo y verse afectado de "pobreza energética". Yo no sabía que era eso, nunca lo he padecido pero existe. Es duro. Le compre un pijama térmico el pasado invierno y mejoro su situación. Lo vergonzoso es que mientras la España real pasa frío, la escoria que nos dirige se gasta el dinero de los impuestos en iphones, coches oficiales y cosas así y encima miente sobre lo que se nos viene encima en unos años, que intuyo será terrible. Al menos espero que esta niña pueda ir a la universidad y escapar de este país que cada día se parece más a un relato de Lovecraft».

Mi respuesta:

«Ojalá el malgasto fuese en iPhones y en coches oficiales: eso es el chocolate del loro; el problema es la cantidad de obra pública que se ha realizado en los últimos quince años cuya utilidad es... ¿cuál es su utilidad? ¿Sabía usted que nunca jamás se va a recuperar la inversión que se ha realizado en ninguna línea de AVE? En la que más se va a recuperar es en la línea Madrid-Barcelona: el 60 %, pero, además, anualmente hay que mantener esas líneas y el coste asciende a más de 100 m€ por kilómetro. ¿Cuál es el rendimiento que se obtiene de las Ciudades de la Cultura, de las Ciencias, de todos los palacios de congresos y de todos los polideportivos que tapizan la geografía española? Edificios e instalaciones que, evidentemente, hay que mantener. ¿Ha reparado en que ningún partido político, ninguno, ha solicitado una auditoría sobre la eficiencia del gasto?

»Esa chica, si es muy inteligente, puede que obtenga una beca insuficiente, y con muchos esfuerzos puede que obtenga una formación; pero aunque la consiga, si no es una megacrack que pueda emigrar, y si no tiene contactos, su futuro es bastante incierto. Bastante, bastante».

(3/6/2016)

<blockquote>«Pregunta: Con un padre anarquista, ¿usted salió así por la pura ley del péndulo?</blockquote>

<blockquote>»Respuesta: Mi padre volvió del exilio muy decepcionado de la política, sobre todo de sus propios compañeros. Era obrero, y consiguió que su hijo tuviera un marchamo de burgués para los gilipollas».</blockquote>

<blockquote>Arturo Fernández, actor y empresario teatral, en una entrevista realizada por Karmentxu Marín, El País, 25/8/2002.</blockquote>

EPÍLOGO

Bueno, ya está. Pienso que han tenido suficiente texto como para formarse una idea de lo que a la ciudadanía le preocupa, al menos a aquellas/os ciudadanas/os que me escriben a mí. Los temas abordados han sido diversos, pero pienso que hay uno que sobresale por encima del resto: la preocupación por el empleo. Por conseguirlo, por conservarlo, por obtenerlo para hijos y familiares. El empleo y lo que lo acompaña: un nivel de consumo, un estándar de vida, una tranquilidad ante la incertidumbre.

<blockquote>«Pregunta: ¿Por qué todos estos planes de crecimiento suponen miles de despidos?</blockquote>

<blockquote>»Respuesta: Nuestro plan Visión 2020 es sobre el crecimiento, la innovación y la productividad para llevar la empresa a la próxima generación de manera exitosa. Pero antes de crecer e invertir tienes que ser muy eficiente».</blockquote>

<blockquote>Joe Kaeser, Presidente de Siemens, comentando sobre el plan de la compañía Visión 2020, en el 120 aniversario de su fundación. Entrevista realizada por M. Jiménez y A. Mars, El País Negocios, 3/5/2015.</blockquote>

Ahora, ya al final, centrémonos en eso. Durante siglos se pensó, se creyó, se asumió que el trabajo era necesario para producir bienes y servicios: para generar PIB; y se pensó, se creyó y se asumió que ese trabajo era realizado por seres humanos por lo que, en un turno de trabajo determinado, cada puesto de trabajo era ocupado por una persona y así se creía que a cada persona le correspondía un puesto de trabajo. Cierto: podían darse situaciones como la ocurrida en Europa entre 1850 y 1913, cuando 50 millones de europeos tuvieron que emigrar a USA porque ni todo el crecimiento de la industria podía dar trabajo a toda la población activa existente, pero eso eran situaciones puntuales. Lo que sucede es que el tiempo ha ido convirtiendo esas situaciones en habituales, de tal modo que hoy son escasas las personas ocupadas que estén convencidas de que su puesto de trabajo no acabará siendo prescindible u ocupado por una tecnología crecientemente inteligente.

> *«Pregunta: Usted también habla del lado oscuro de esta revolución digital...*
>
> *»Respuesta: Sí, porque la tecnología destruye empleo que afecta sobre todo a los mandos intermedios, lo que al final significará la desaparición de la clase media».*
>
> Mike Walsh, CEO del laboratorio de investigación Tomorrow. Entrevista realizada por Susana Carrizola, *El País Negocios*, 07/12/2014.

Es decir, la tecnología elimina, prescinde de, muchísimas más horas de trabajo de las que crea, modificando la caracterología del trabajo que genera, pero no se dice ni media palabra sobre el hecho de que cada día que pasa es necesario menos factor trabajo para fabricar la cantidad de bienes y servicios que en cada momento hagan falta —más, menos o igual que en el instante anterior— ni ningún político de ningún color ha abordado en ninguna parte los efectos de ello. No se han tratado, ni se tratan, las consecuencias que la Industria 4.0 —producción aditiva, internet de las cosas, trazabilidad total, logística integral, robótica colaborativa, inteligencia artificial de segunda generación...— tendrá a nivel social, humano, fiscal. No se han debatido, ni se debaten, cosas como la insostenibilidad del menguante modelo de protección social, su infinanciabilidad, las posibilidades profesionales de los jóvenes, las diferencias laborales entre géneros... Problemas todos ellos que van a tener que ser tratados con arreglo a nuevas operativas a desarrollar en un nuevo marco: por un nuevo modelo.

> *«El sistema tradicional les hace creer que con unas determinadas habilidades encontrarán su hueco, pero el mundo está cambiando. En 2020 habrá 1.300 millones de jóvenes de entre 15 y 30 años en edad de trabajar, pero el mercado solo absorberá a 300 millones. [...] Su misión (la de las universidades) debe ser concienciar a los estudiantes de que tal vez no haya un puesto de trabajo esperándoles tras graduarse, que emplearse a sí mismos es una posibilidad viable y que todo depende de su creatividad y su capacidad inventiva. [...] En el contexto actual, no es recomendable encasillarse en un único conocimiento».*
>
> Pasi Sahlberg, uno de los impulsores de la reforma del sistema educativo finés, ahora profesor invitado en la Universidad de Harvard, en el congreso sobre idiomas e innovación LEIF 2015, organizado en Boston por la empresa educativa EF. Ana Torres Menárguez, "Si no existe un trabajo para mí, lo creo", *El País*, 30/3/2015.

Considerando en todo momento que el sistema democrático debe contribuir a la evolución de la dinámica económica, social, tecnológica, de tal modo que en ningún momento las decisiones expresadas por la población deben entorpecer el conveniente quehacer de los mercados.

> *«Hay que educar a la población en Europa para que vote al líder correcto que tome las medidas correctas».*
>
> Laurence Fink, Presidente y CEO de BlackRock, la mayor empresa del mundo administradora de activos, en el meeting anual del World Economic Forum, Davos, 21-24 de enero de 2015.

«Pronto lanzaremos al mercado un robot que podrá llevar a cabo muchas de las tareas que ahora se les dan a quienes tienen educación secundaria o menos que eso. El robot solo va a costar 20.000 dólares. Y no somos los únicos; nuestros competidores en distintas partes del mundo están en lo mismo. Cuando estos robots baratos, confiables y eficientes se popularicen, no tengo idea de cuáles son los trabajos que se les podrían ofrecer a personas que no tengan habilidades y destrezas superiores a las que se aprenden en la escuela secundaria. Pero también creo que esta revolución tecnológica es indetenible. No sé cuál es la solución».

Jefe de una compañía tecnológica que pidió mantener el anonimato. Citado por Moisés Naím, «Un test y varios robots», *El País*, 29/5/2016.

«Durante años los gobernantes socialdemócratas han luchado por bajar la edad de jubilación, tener protección social, vacaciones… y hemos elevado nuestro nivel de vida a un punto que no nos podemos permitir más».

Jeroen Dijsselbloem, ministro de Finanzas de Holanda por el Partido del Trabajo, socialdemócrata, y presidente del Eurogrupo. Lucía Abellán, «La Comisión debe prestar más atención a su credibilidad», *El País*, 3/6/2016.

REFERENCIAS (LINKS)

(1) http://www.diarioya.es/content/el-42-de-los-j%C3%B3venes-de-clase-alta-viven-en-una-situaci%C3%B3n-de-%E2%80%9Cdependencia-completa%E2%80%9D?utm _ content=buffer7a2ac&utm_medium=social&utm_source=twitter.com&utm_campaign=buffer

(2) http://lacartadelabolsa.com/leer/articulo/emigracion1

(3) http://deportes.elpais.com/deportes/2014/07/09/mundial_futbol/1404858197_836022.html

(4) http://internacional.elpais.com/internacional/2014/07/09/actualidad/1404926207_735280.html

(5) http://www.thesun.co.uk/sol/homepage/news/5845716/What-happens-in-Magaluf-should-stay-in-Magaluf-says-Carnage-party-supremo.html

(6) http://economia.elpais.com/economia/2014/09/05/actualidad/1409927163_085565.html

(7) http://lacartadelabolsa.com/leer/articulo/la_insostenibilidad_de_las_pensiones

(8) http://lacartadelabolsa.com/leer/articulo/las_pensiones_en_espana_mas

(9) http://lacartadelabolsa.com/leer/articulo/la_clase_media1

(10) http://lacartadelabolsa.com/leer/articulo/conciliacion

(11) http://economia.elpais.com/economia/2015/05/05/empleo/1430806745_256579.html

(12) http://lacartadelabolsa.com/leer/articulo/conciliacion (03/05/2015)

(13) http://lacartadelabolsa.com/leer/articulo/flexibilidad_laboral (03/05/2015)

(14) http://www.abc.es/economia/20130810/abci-contrato-cero-horas-201308091746.html

(15) http://www.gallup.com/opinion/chairman/181469/big-lie-unemployment.aspx

(16) http://www.bls.gov/news.release/empsit.t15.htm

(17) http://geab.eu/de/chomage-la-verite-est-ailleurs-ou-pourquoi-les-etats-unis-ne-sont-ils-pas-en-plein-emploi/

(18) https://www.diagonalperiodico.net/global/27253-finlandia-primer-pais-europeo-implementar-la-renat-basica-universal.html

(19) http://www.faconauto.com/detalle-revista-de-prensa?id=3563

(20) http://lacartadelabolsa.com/leer/articulo/usa_productividad_e_ingresos_familiares

(21) http://www.elblogsalmon.com/economia/deuda-de-estados-unidos-llega-a-60-billones-de-dolares-y-se-duplica-en-12-anos

(22) http://geab.eu/es/3rd-industrial-revolution-in-10-years-the-cumbersome-great-banks-will-have-disappeared/

(23) http://economia.elpais.com/economia/2015/08/23/actualidad/1440355072_182668.html

(24) http://www.xataka.com/otros/esta-fabrica-es-el-terror-de-los-agricultores-cultivara-medio-millon-de-lechugas-al-dia-de-forma-automatica

(25) http://one.elpais.com/asi-son-los-robots-que-nos-acompanaran-en-casa-hablan-bailan-y-reconocen-nuestras-emociones/

(26) http://www.eldiario.es/turing/software_libre/granjero-software-programar-tractor-meses_0_422058037.html

(27) http://economia.estadao.com.br/noticias/geral,o-brasil-e-hoje-a-versao-20-da-espanha-de-2003-imp-,800249

(28) http://lacartadelabolsa.com/leer/articulo/advertencias

(29) http://lacartadelabolsa.com/leer/articulo/cv2

(30) https://baztarrantan.wordpress.com/2015/10/25/la-decada-prodigiosa-de-magna/

(31) http://lacartadelabolsa.com/leer/articulo/me_lo_parece_a_mi

(32) http://internacional.elpais.com/internacional/2015/11/13/actualidad/1447409584_503531.html

(33) http://lacartadelabolsa.com/leer/articulo/los_trece_problemas_de_la_economia_espanola_y_algunos_posibles_paliativos_2

(34) http://www.eleconomista.es/mercados-cotizaciones/noticias/7161175/11/15/La-clase-media-latinoamericana-sera-tan-grande-como-la-europea-en-2030.html

(35) http://exame.abril.com.br/seu-dinheiro/noticias/preco-dos-imoveis-sobe-1-em-2015-e-cai-em-2016-diz-fipezap

(36) http://economia.elpais.com/economia/2015/07/02/
vivienda/1435826710_773490.html

(37) http://internacional.elpais.com/internacional/2015/11/26/
argentina/1448566539_737825.html

(38) http://lacartadelabolsa.com/leer/articulo/tasa_de_ganancia

(39) http://lacartadelabolsa.com/leer/articulo/ni_nis1

(40) http://economia.elpais.com/economia/2015/12/03/
actualidad/1449139901_649828.html

(41) http://www.noticiasdenavarra.com/2016/01/14/economia/el-cierre-de-
alstom-de-bunuel-dejara-a-103-trabajadores-en-la-calle

(42) http://www.noticiasdenavarra.com/2016/01/13/economia/trw-anuncia-
despidos-y-rebaja-de-condiciones-para-que-rla-planta-no-cierre-y-sea-
competitivar

(43) http://lacartadelabolsa.com/leer/articulo/sociedad_4.0

(44) http://internacional.elpais.com/internacional/2016/01/20/
actualidad/1453323445_230233.html

(45) http://lacartadelabolsa.com/leer/articulo/mil_novecientos_treinta_y_
siete

(46) http://lacartadelabolsa.com/leer/articulo/postcapitalismo

(47) http://www.elconfidencial.com/alma-corazon-vida/2016-03-01/las-
practicas-de-las-empresas-asiaticas-en-europa-y-se-parece-mucho-a-
china_1161447/

(48) http://www.estrategiasdeinversion.com/commodities/robotica-sera-
mayor-oportunidad-inversion-siglo-xxi-308874?urm_
source=elconfidencial-bn&utm_medium=display&utm_
campaign=contenidos

(49) http://www.nytimes.com/1997/07/29/science/to-test-a-powerful-
computer-play-an-ancient-game.html?pagewanted=all

(50) https://thestack.com/world/2016/03/16/rbs-cuts-hundreds-of-jobs-as-
fca-approves-robo-advisers/

(51) https://www.youtube.com/watch?v=rVlhMGQgDkY

(52) https://www.youtube.com/watch?v=VkUq4sO4LQM

(53) http://g1.globo.com/rio-de-janeiro/noticia/2016/04/governo-do-rj-
estuda-pagar-funcionarios-de-servicos-essenciais.html

Para la composición del texto se han utilizado tipos de la familia Sabon,
a cuerpo 11,5 sobre 13,5. Diseñada por Jan Tschichold en 1967,
esta fuente se caracteriza por su magnífica legibilidad y sus formas muy
clásicas, pues Tschichold se inspiró para sus diseños en la tipografía creada
por Claude Garamond en el siglo XVI.

Este libro fue maquetado en los talleres gama, sl.
Fue impreso y encuadernado para Los libros del lince por Thau, S. L.,
en septiembre de 2016 en Barcelona.

Impreso en España/*Printed in Spain*